अलौकिक
योगिनी

शम्भूरत्न त्रिपाठी

प्रकाशक

प्रभात पेपरबैक्स

प्रभात प्रकाशन प्रा. लि. का उपक्रम

4/19 आसफ अली रोड, नई दिल्ली–110002

फोन : 23289777 • हेल्पलाइन नं. : 7827007777

इ–मेल : prabhatbooks@gmail.com ❖ वेब ठिकाना : www.prabhatbooks.com

संस्करण

2021

सर्वाधिकार

सुरक्षित

मूल्य

दो सौ रुपए

मुद्रक

आर–टेक ऑफसेट प्रिंटर्स, दिल्ली

★

ALAUKIK YOGINI

by Shri Shambhuratna Tripathi

Published by **PRABHAT PAPERBACKS**

An imprint of Prabhat Prakashan Pvt. Ltd.

4/19 Asaf Ali Road, New Delhi-110002

ISBN 978-93-90900-09-1

₹ 200.00

सम्मतियाँ

“…कंचन प्रभा की छोटी, किंतु ठोस और सुपाठ्य–सामग्री ने मन मोह लिया।”

—हंसकुमार तिवारी

(प्रसिद्ध कवि और लेखक)

~•~

“…भारतीय संस्कृति जैसे महान् विषय पर विद्वत्तापूर्ण ग्रंथ लिखने के लिए मेरी हार्दिक बधाई स्वीकार करें।”

—डॉ. लक्ष्मीनारायण ‘सुधांश’

(अध्यक्ष, बिहार विधानसभा)

~•~

“…समाज और अपराध पुस्तक में विषय के इस प्रकार के उच्च कोटि के प्रतिपादन के लिए आपको बधाई है।”

—डॉ. डी.पी. जटार

(अपराध विज्ञान विभाग, सागर विश्वविद्यालय)

~•~

“…आपकी पुस्तकें मिलीं। मुझे वह इतनी पसंद आईं कि मैं उनके अधिक अंशों के देखने का लोभ संवरण नहीं कर सका।”

—महापंडित राहुल सांकृत्यायन

~•~

“…आप हिंदी में समाजशास्त्रीय साहित्य के विकास में वस्तुतः स्तुत्य कार्य कर रहे हैं।”

—डॉ. श्यामाचरण दुबे

(अध्यक्ष, मानवशास्त्र विभाग, सागर विश्वविद्यालय)

~•~

“…कुल मिलाकर आपका अनुवाद ‘मार्क्सवादी समाजशास्त्र’ अच्छा है।”

—डॉ. रामविलास शर्मा

(हिंदी के प्रसिद्ध समीक्षक तथा अंग्रेजी के विद्वान)

~•~

“…मनु का वार्षिक साहित्य–विशेषांक मिला। इस अंक के प्रकाशन में आपने अथक श्रम किया है। यह पत्र के पृष्ठ–पृष्ठ से प्रकट है। मैं आपको इसके लिए बार–बार बधाई देता हूँ।”

“…सनेही अभिनंदन ग्रंथ के लिए शंभू रत्न त्रिपाठी को मेरी हार्दिक बधाई दें।”

—पं. बनारसीदास चतुर्वेदी

(सुप्रसिद्ध पत्रकार तथा भू.पू. संसद सदस्य)

~•~

“…सनेही अभिनंदन ग्रंथ की सामग्री बढ़िया है, और संपादन अच्छा है।”

“…मनु का विशेषांक की प्रतियों का बंडल मिल गया। अंक ‘बण्डरफुल’ है।”

“…मनु का विशेषांक देखा गया। बहुत अच्छा निकला है।”

—आचार्य किशोरीदास बाजपेयी

(महान् व्याकरणाचार्य और समीक्षक)

अनुक्रम

जन्मसिद्ध बालिका का अवतरण

11 अगस्त, 1831 का दिन विश्व के सांस्कृतिक-आध्यात्मिक इतिहास में अत्यंत महत्त्वपूर्ण था। रूस के एक सामंत के महल में उसकी सुकोमल पुत्री ने नौ मास पूर्ण होने के पूर्व ही निर्बल-क्षीणकाय बालिका को जन्म दिया था, जिसे देखकर अधिकांश लोग कुछ ही दिनों में उसकी मृत्यु की संभावना अनुभव कर रहे थे। लेकिन इसके विपरीत रूस से हजारों मील दूर हिमालय स्थित आश्रम में बैठा महान् योगी अपनी दिव्य-दृष्टि से इस बालिका के जन्म को देखकर हृदय में आनंदित हो रहा था। उसके मानस-पटल पर इस बालिका का उज्ज्वल, महातेजपूर्ण भविष्य स्पष्ट दिखाई पड़ रहा था। उसके शरीर की रक्षा और मानसिक विकास का दायित्त्व उस महान् योगी को उठाना था; क्योंकि इस बालिका को ही आगे चलकर भारत के सांस्कृतिक पुनर्जीवन का ऐतिहासिक कार्य करना था, भारत की पुनीत ब्रह्मविद्या का इसे संदेशवाहक बनना था तथा भारतीयता-विरोधी लोगों से अथक संघर्ष करना था। उस योगी ने अपने अलौकिक बल से सूक्ष्म शक्तियों को इस नवजात बालिका की सुरक्षा के लिए सक्रिय कर दिया था।

बालिका का धर्म-दीक्षा के प्रति विद्रोह

बालिका का जन्म अपने नाना के घर में हुआ था। इस समय उसके पिता कैप्टन पीटर बोनहान रूस से बाहर पोलैंड में युद्ध में अपनी सेना

का नेतृत्व कर रहे थे। नाना के परिवार के लोग बालिका को कुछ दिनों का मेहमान मान रहे थे। परिवार के लोग ईसाई धर्मावलंबी थे। अतः यह सोचा गया कि इस बालिका को यथाशीघ्र ईसाई धर्म में दीक्षित कर दिया जाए, जिससे मृत्यु के बाद आत्मा को शांति मिल सके। अभी बालिका ने धरती पर चौबीस घंटे भी पूरे नहीं किए थे कि उसे धर्म-दीक्षा देने के लिए एक बहुत बड़े कमरे में समारोह का आयोजन किया गया। परिवार के सदस्य, संबंधी, मित्र, नौकर, आदि एकत्र हो गए। ईसाई धर्म की परंपरा के अनुसार सबने अपने-अपने हाथ में एक-एक जलती हुई मोमबत्ती ले रखी थी। सबके आगे एक तीन वर्ष की बालिका भी जलती हुई मोमबत्ती लिये हुए खड़ी थी। इस लड़की के आगे पादरी भव्य लंबा गाउन पहने खड़ा था। उसने अपना दीक्षा का प्रवचन प्रारंभ किया। इस नीरस प्रवचन को पीछे खड़ी लड़की कुछ समझ नहीं पा रही थी। वह थोड़ी देर में बैठकर ऊँघने लगी। उसके हाथ की मोमबत्ती पादरी के गाउन के पीछे वाले भाग से छू गई और उसका वस्त्र जलने लगा। जब तक आग बुझाई गई, वह काफी झुलस गया था तथा आग बुझाने वाले लोगों को भी कुछ क्षति पहुँची थी। कार्यक्रम में विघ्न उत्पन्न हो गया। यद्यपि दीक्षा-संस्कार विधिपूर्वक संपन्न नहीं हो पाया था, लेकिन इस दुर्घटना की हड़बड़ी में उसे संपन्न हुआ मान लिया गया। ज्योतिषियों और लोक-प्रचलित विश्वास के अनुसार यह अच्छा लक्षण नहीं था, लेकिन बालिका के आगे के जीवन पर दृष्टिपात करने से प्रतीत होता है कि उसकी सशक्त आत्मा दीक्षा-संस्कार के आडंबर को स्वीकार नहीं करना चाहती थी। उसे बलात् ईसाई बनाया जा रहा था, अतः उसने उसके प्रति विरोध व्यक्त किया। इस कथन की पुष्टि इस तथ्य से होती है कि बालिका ने वयस्क होने पर ईसाई धर्म के खोखले स्वरूप पर प्रबल प्रहार किया, तिब्बत के एक योगी से सनातन धर्म की दीक्षा प्राप्त की तथा वह जीवनपर्यंत भारतीय तत्त्व दर्शन और ब्रह्मविद्या के लिए समर्पित रही।

राधाबाई नाम स्वीकार करने के पूर्व उसका संक्षिप्त पारिवारिक नाम 'हेलना' था। बालिका के पिता फौज के उच्च अधिकारी थे तथा उनके लिए भौतिक भोग-विलासपूर्ण जीवन ही सर्वस्व था; लेकिन माता धीर, गंभीर, प्रबुद्ध महिला थीं। वह अनेक साहित्यिक ग्रंथों की लेखिका भी थीं। उनके पति और उनमें कभी वैचारिक सामंजस्य नहीं हो सका था।

बालिका अनेक बीमारियों से संघर्ष करते हुए शनैः-शनैः अपनी जीवन-यात्रा को आगे बढ़ाने लगी। उस पर माता-पिता दोनों का प्रभाव पड़ने लगा। फौजी पिता के साहस, दृढ़-संकल्प तथा संघर्षशील जीवन से उसने बहुत कुछ अपने बाह्य व्यक्तित्व का निर्माण किया तथा माता के व्यक्तित्व से बौद्धिक विकास, उदात्त चिंतन तथा आध्यात्मिकता के सूत्रों को प्राप्त किया। हम आगे की घटनाओं से अनुभव करेंगे कि हेलना अर्थात् राधाबाई एक अच्छे सैनिक की भाँति सदा निर्भीक, साहसी और संघर्षशील रहीं तथा महान् योगी की तरह संयमशील, तपोनिष्ठ, उदार, विचारवान, ज्ञानी, निष्कामकर्मी रहीं।

बालिका द्वारा आत्माओं का नियंत्रण

राधाबाई की अलौकिकता का परिचय बाल्यावस्था से ही प्राप्त होने लगा था। रूस में उस समय यह धारणा प्रचलित थी कि जो 11 अगस्त को पैदा होता है, उसमें जन्मजात रूप से अलौकिक शक्तियाँ होती हैं तथा उसमें अदृश्य को समझने तथा प्रेतात्माओं को नियंत्रित करने की असाधारण क्षमता होती है। उसके परिवार में दीर्घकाल से यह विश्वास चला आ रहा था कि विभिन्न आपत्तियों, कष्टों, रोगों तथा दुष्ट आत्माओं से रक्षा एक सशक्त आत्मा द्वारा होती है। इस आत्मा की पूजा-अर्चना वर्ष में एक बार अवश्य होनी चाहिए, नहीं तो वह उग्र हो जाती है। यदि इसकी पूजा ऐसे व्यक्ति द्वारा हो जिसमें अलौकिक शक्ति हो तो अच्छा रहता है। अनेक कारणों से इस कार्य के लिए राधाबाई को

परिवार में सबसे उपयुक्त माना जाने लगा था। अत: वर्ष में एक बार 30 मार्च के दिन उसे विशेष महत्त्व प्राप्त हो जाता था। बड़ी धूमधाम के साथ उसके हाथों से पवित्र जल घर, गोशाला, खलिहान, आदि में छिड़कवाया जाता था। यह कार्य वह केवल दूसरों के कहने से नहीं करती थी, अपितु इसमें उसकी स्वयं रुचि रहती थी। उसको इस कार्य में विचित्र अनुभव भी होते थे। वह कहती थी कि उसे अनेक आत्माएँ स्पष्ट दिखाई पड़ती हैं। वह इन दृश्यों को देखकर भयभीत नहीं होती थी, बल्कि कुशल तांत्रिक की तरह उनको आदेश देती थी।

राधाबाई बाल्यावस्था से ही इच्छा के विपरीत कोई बात सहन नहीं कर पाती थी। उसका स्वभाव बहुत क्रोधी था। जब वह छोटी थी तो उसे एक चौदह वर्ष का नौकर बच्चों वाली गाड़ी में बैठाकर बाहर घुमाने ले जाता था। साथ में एक आया भी रहती थी। एक दिन इस नौकर ने राधाबाई का कहना नहीं माना, जिससे वह बहुत गुस्से में चिल्लाने लगी, "मैं आत्मा से कहकर जान से मरवा दूँगी। वह देखो! आत्मा पेड़ से उतर रही है! यह आई!" न जाने उस नौकर ने क्या देखा कि वह भय से चिल्लाकर बहुत दूर चला गया। आया गाड़ी खींचकर घर आई। दूसरे दिन तक वह लड़का घर नहीं आया। ऐसा मान लिया गया कि वह कहीं मर या भाग गया; किंतु कुछ सप्ताह बाद उसका शव मछुआरों के जाल में फँसकर नदी में मिला। इसे आप संयोग कह सकते हैं, लेकिन नौकर-चाकरों, आसपास के लोगों, परिवार के सदस्यों, संबंधियों आदि में यह घटना चर्चा का विषय बन गई। बहुत से लोग इस छोटी सी बालिका के क्रोध और तेज से मन-ही-मन आतंकित रहने लगे। इसके बाद भी कुछ ऐसी बातें होती रहीं कि बालिका को सब तरह से विलक्षण माना जाने लगा।

अशरीरी आत्माओं के साथ खेल

बचपन में वह घंटों अकेले खेला करती थी, लेकिन देखने पर ऐसा अनुभव होता था कि वह किसी के साथ खेल रही है। जब उससे पूछा

जाता, तो वह कहती कि मेरे साथी रहते हैं, मैं उन्हीं के साथ खेलती हूँ। राधाबाई ने बड़े होने पर स्वीकार किया कि बचपन में वह सूक्ष्म शरीरी आत्माओं के साथ खेला करती थी। ये उनको तो स्पष्ट दिखाई पड़ती थीं, लेकिन अन्य लोग उनको नहीं देख पाते थे। घर के लोग इस खेल से बहुत परेशान थे। जब लोग उसके कथन पर विश्वास नहीं करते थे, तो बहुत चिढ़ जाती थी तथा दृढ़तापूर्वक कहती थी कि मेरे साथ वे बिल्कुल जीवित मनुष्यों की तरह खेलते हैं। उनके सूक्ष्म शरीरी साथियों में एक कुबड़ा लड़का भी था, जो शैतानियाँ करने में उनका विशेष साथ देता था।

जब राधाबाई आठ वर्ष की थीं, तो उनके नाना रूस के एक प्रांत के गवर्नर नियुक्त हुए। नानी वैज्ञानिक और विदुषी थीं, पाँच भाषाओं पर उनका अधिकार था तथा वह विश्व के अधिकांश देशों का भ्रमण कर चुकी थीं। दुर्भाग्य से राधाबाई की माँ दो पुत्री और एक पुत्र छोड़कर दिवंगत हो गईं। इनमें राधाबाई ही सबसे बड़ी थीं। इनकी अवस्था केवल ग्यारह वर्ष की थी। सेनाधिकारी होने के कारण पिता को प्राय: एक स्थान से दूसरे स्थान में जाना पड़ता था। अत: राधाबाई, उनकी छोटी बहन और भाई का अधिकांशत: पालन-पोषण नाना-नानी के पास हुआ। नाना का निवास-स्थान बहुत प्राचीन महल था। महल के कुछ भागों में कोई आता-जाता नहीं था। लोगों की धारणा थी कि इन स्थानों में प्रेतात्माओं का वास है। नौकर-चाकर तो दिन में भी उन स्थानों में जाने से डरते थे। विलक्षण लड़की राधाबाई रात में बिस्तर से उठकर डरावने कमरों में अकेले चली जाती थी और वहाँ रहनेवाली आत्माओं से बातें किया करती थी। महल के नौकरों के लिए उस समय राधाबाई को उन स्थानों से ले आना बड़े संकट का काम होता था।

अदृश्य आत्माओं द्वारा रक्षा

राधाबाई को इन दुस्साहसपूर्ण कार्यों में कभी कोई क्षति नहीं होती थी। इसके विपरीत किसी आकस्मिक संकट के समय कोई अदृश्य आत्मा रक्षा करने अवश्य आ जाती थी। एक बार राधाबाई एक चंचल घोड़े पर अकेले बैठ गई। घोड़ा बहुत तेज भागने लगा। राधाबाई का संतुलन बिगड़ गया और वह घोड़े की पीठ से सरक गई। लेकिन उनका पैर पैकड़े में फँस गया और वह सिर के बल जमीन में लटकने लगी। घोड़ा तेजी से घर की ओर भागने लगा। जाने कौन सा चमत्कार हुआ कि राधाबाई का पैर पैकड़े से नहीं निकला, उनका सिर जमीन से नहीं टकराया तथा शरीर के किसी भाग में चोट नहीं लगी। देखनेवालों की समझ में ही नहीं आया कि इतनी भयंकर दुर्घटना होने पर राधाबाई को चोट क्यों नहीं लगी। कई लोग इस शैतान घोड़े पर सवारी करके अपनी जान से हाथ धो चुके थे। बाद में राधाबाई ने बताया कि कोई विलक्षण शक्ति उन्हें पकड़े हुए थी, जिससे वह न तो जमीन से टकराई और न पैर ही पैकड़े से छूटा।

महल में एक प्राचीन चित्र दीवार पर लटका हुआ था। उस पर सदा परदा पड़ा रहता था। किन्हीं अज्ञात कारणों से इस चित्र को देखने की मनाही थी। राधाबाई अपने परिवार के लोगों से उस चित्र के प्रति जिज्ञासा व्यक्त करतीं, तो लोग देखने को मना तो करते, लेकिन न देखने का संतोषजनक कारण नहीं बताते। इस निषेध से राधाबाई के मन में उस चित्र को देखने की प्रबल इच्छा उत्पन्न हो गई। एक दिन उन्हें ऐसा अवसर मिल गया, जब वह बिना रोक-टोक के उस चित्र को देख सकती थीं। चित्र तक पहुँचने के लिए उन्होंने बड़ी मेज सरकाई, मेज पर एक छोटी मेज रखी, फिर उस पर कुरसी रखी और कुरसी पर वह स्वयं खड़ी हुईं। उन्होंने चित्र पर पड़े परदे को जैसे ही हटाया, चित्र में न जाने क्या देखा कि वह अचानक पीछे हटीं, जिससे कुरसी का संतुलन

बिगड़ गया और वह कुरसी सहित जमीन पर गिर पड़ीं और कुछ क्षण के लिए अचेत हो गईं। जब चेतना आई, तो अपने को जमीन पर पाया; लेकिन मेजें और कुरसी अपने पुराने स्थान पर पहुँच चुकी थीं, एक के ऊपर एक नहीं थीं। तसवीर पर परदा भी पहले की तरह पड़ गया था। उनके शरीर पर कोई चोट भी नहीं आई थी। वह कोई स्वप्न और भ्रम नहीं था, क्योंकि दीवार पर तसवीर के पास उनकी उँगलियों के निशान स्पष्ट दिखाई पड़ रहे थे। राधाबाई की समझ में नहीं आ रहा था कि इतनी दूर से गिरने पर भी शारीरिक चोट लगने से कैसे बच गई, मेजें-कुरसी इतनी जल्दी अपने स्थान पर कैसे पहुँच गईं, चित्र पर परदा कैसे पड़ गया ? फिर उन्होंने सोचा कि संकट के अवसरों पर रक्षा करनेवाला कोई देवदूत ही हो सकता है तथा यह वही व्यक्ति हो सकता हो, जो प्राय: स्वप्न में दिखाई पड़ा करता है।

अतीत का सूक्ष्म और साकार वर्णन

राधाबाई में बाल्यावस्था में ही एक और शक्ति यह उत्पन्न हो गई थी कि वह सुदूर अतीत का सूक्ष्म और विस्तारपूर्वक वर्णन कर लेती थीं। वह किसी प्राचीन भवन को देखकर उसमें रहनेवाले मृत व्यक्तियों तथा संबंधित घटनाओं का हाल बता देती थीं, किसी प्राचीनतम वस्तु के अवशेष को हाथ में लेते ही उसका मूल स्वरूप उनकी आँखों के समक्ष प्रस्तुत हो जाता था। उदाहरण के लिए, नदी के किनारे कोई हड्डी का टुकड़ा देखते ही उस जीव का बालू पर चित्र बना देती थीं। उस जीव ने किस प्रकार जीवन के लिए संघर्ष किया था, उसका इतना सूक्ष्म विवरण प्रस्तुत कर देती थीं कि लोग आश्चर्यचकित रह जाते थे; क्योंकि उस विवरण में प्रामाणिकता होती थी। इतनी छोटी लड़की न तो अध्ययन से इतना जान सकती थी और न कल्पना से गढ़ सकती थी। राधाबाई का अतीत का वर्णन इतना धाराप्रवाह और सजीव होता था, जैसे वह आँखों के समक्ष चल रही फिल्म की व्याख्या प्रस्तुत कर रही हों। उनकी इस

दैवी शक्ति के कारण उनके अंदर ज्ञान का असीम समुद्र लहराता था। तथाकथित पढ़े-लिखे लोग उनके समक्ष टिक नहीं पाते थे।

आत्मा-परमात्मा और जीवन संबंधी कुछ जटिल प्रश्न उसके मन में उठा करते थे, लेकिन बड़े लोग उनके उत्तर देने में असमर्थ रहते थे। एक ही व्यक्ति उसे आकर्षित करता था। वह व्यक्ति बस्ती में न रहकर बोल्गा नदी के किनारे घने जंगल में अकेला रहता था। उसकी आयु सौ वर्ष से अधिक थी। वह बहुत अच्छा भविष्य बताता था तथा अपनी आध्यात्मिक शक्ति से लोगों की कठिनाइयों और कठिन-से-कठिन रोगों को दूर कर देता था। लेकिन इस संबंध में वह उन्हीं लोगों के प्रति कृपालु होता था, जो सरल, पुण्यात्मा और सदाचारी होते थे। दुष्टों को वह दंड भी देता था। पशु-पक्षियों, वनस्पतियों से उसे असीम प्रेम था। मधुमक्खियाँ तो उसे चारों ओर से घेरे रहती थीं, लेकिन काटती नहीं थीं। वह मधुमक्खियों से विचित्र भाषा में बात करता था और देखने पर प्रतीत होता था कि वे उसकी भाषा को समझती हैं। राधाबाई प्रायः इस वृद्ध संत के पास जाया करती थीं तथा बड़ी उत्सुकता से उससे सीखने-समझने का प्रयास करती थीं।

योग और तंत्र का सूक्ष्म अध्ययन

योग, ब्रह्मविद्या, तंत्र-मंत्र, आदि की पुस्तकों का बहुत बड़ा संग्रह उनके नाना के पुस्तकालय में था। इनके अध्ययन में उनकी असाधारण रुचि थी। वह घर के किसी एकांत स्थान या बाहर जंगल में बैठकर पूर्ण मनोयोग से इन गूढ़ ग्रंथों का अध्ययन करती थीं। इन विषयों के जो भी ग्रंथ कहीं से मिल सके थे, उन्होंने केवल पंद्रह वर्ष की अवस्था में पढ़ डाले थे। फलतः इन विषयों के बड़े-बड़े विशेषज्ञों से कहीं अधिक ज्ञान वे अल्पायु में ही प्राप्त कर चुकी थीं। अलौकिक प्रतिभा का वह विलक्षण उदाहरण थीं। राधाबाई विद्रोही स्वभाव की थीं। उन्हें उस समय के प्रचलित सामाजिक प्रतिबंधों से चिढ़ थी। घर के बड़े-बूढ़े लोग

उनकी स्वच्छंदता से अप्रसन्न रहते थे। नाना-नानी चाहते थे कि वह परिवार की आदर्श गृहिणी बनें, लेकिन राधाबाई इन सांसारिक बंधनों को स्वीकार नहीं करना चाहती थीं। वह तो ब्रह्मविद्या के क्षेत्र में कोई महान् कार्य करने के लिए अपने को तैयार कर रही थीं, इसलिए अलौकिक शक्तियाँ उनकी सतत सहायता कर रही थीं।

□

असीम इच्छा-शक्ति की देवी

उस समय रूसी सामंतों के परिवार के लड़के और लड़कियों के सामने राग-रंग से बढ़कर कोई श्रेष्ठ वस्तु नहीं थी। वे मदिरापान करते, विचरण करते और प्रेम-कांडों में मग्न रहते। राधाबाई को इन तीनों कामों से घोर घृणा थी। उनके समवयस्क लोग उनकी इस वैराग्य-वृत्ति को सनक समझते तथा उनके ब्रह्मविद्या-प्रेम का उपहास भी करते। पिता, नाना, नानी, आदि के लिए भी वह जटिल लड़की थीं। अब तक वह सत्रह वर्ष की हो चुकी थीं, अत: यह सोचा जाने लगा कि यदि राधाबाई का विवाह हो जाए, तो परिवारवालों को इस विलक्षण लड़की से मुक्ति मिले, संभव है कि इसके आचरण और स्वच्छंदता में कुछ परिवर्तन हो। राधाबाई की विवाह में कोई रुचि नहीं थी। उनके समक्ष तो एकमात्र लक्ष्य परम सत्य को प्राप्त करना था। इसके लिए वह कोई भी त्याग करने को तैयार थीं।

अपने विवाह की भविष्यवाणी

राधाबाई की माँ का देहांत हो चुका था, पिता सेना के संगठन या युद्धों में व्यस्त रहते थे। नानी कठोर अनुशासक थीं तथा उनकी ब्रह्मविद्या आदि में कोई रुचि नहीं थी। राधाबाई को ऐसे व्यक्ति की आवश्यकता थी, जो उनकी ब्रह्म-तत्त्व की खोज में सहायता कर सके। नाना के घर आनेवाले लोगों में एक-दो व्यक्ति ऐसे थे, जिनकी इन विषयों में रुचि

प्रतीत होती थी। इनमें एक अधेड़ व्यक्ति एन.बी. ब्लावतस्की था, जिसके सिर के बाल उड़ चुके थे तथा चेहरे पर झुर्रियाँ पड़ने लगी थीं। वह रूस के एक प्रांत का वाइस गवर्नर था। राधाबाई की उसमें केवल एक कारण से रुचि थी कि वह अन्य युवकों की तरह उनके ब्रह्मविद्या-प्रेम का उपहास नहीं करता था तथा वह प्राय: कहा करता था कि वह बहुत से ब्रह्मविद्या विशेषज्ञों से मिला है तथा उसके पास इस विषय के अनेक महत्त्वपूर्ण ग्रंथों का संग्रह है। इस विशेषता के अतिरिक्त वह राधाबाई को मूर्ख ही प्रतीत होता था।

राधाबाई बहुत स्पष्टवादिनी थीं। उनके मन में किसी के बारे में जो भाव होता था, निस्संकोच कह देती थीं। ब्लावतस्की महोदय को वह पहाड़ी कौआ और मूर्ख कहा करती थीं। उनकी इस प्रवृत्ति पर एक बार उनकी शिक्षिका ने आक्रोश व्यक्त किया तथा कहा, "जैसा तुम्हारा स्वभाव है, उसे देखते हुए मैं कह सकती हूँ कि कोई युवक तुमसे विवाह करने को तैयार न होगा। यहाँ तक कि जिसका तुम उपहास करती हो, वह एन.बी. ब्लावतस्की भी तुमसे विवाह करने को राजी नहीं होगा।"

राधाबाई ने तुरंत उत्तर दिया, "देख लेना, अब जब वह घर आएगा तो स्वयं विवाह का प्रस्ताव रखेगा।"

शिक्षिका ने व्यंग्य में हँसते हुए कहा, "यदि ऐसा होगा तो मैं मान लूँगी।"

आश्चर्य की बात हुई कि तीन दिन बाद वह व्यक्ति घर पर आया, तो उसने स्वयं विवाह का प्रस्ताव रखा तथा राधाबाई ने स्वीकार भी कर लिया। यह बेमेल विवाह होने जा रहा था। ब्लावतस्की की उम्र चालीस वर्ष की हो चुकी थी और राधाबाई केवल सत्रह वर्ष की थीं, लेकिन घर के लोगों ने विरोध नहीं किया, क्योंकि उन सबकी दृष्टि में वह अपने स्वच्छंद स्वभाव के कारण समस्या बनती जा रही थीं तथा सबके लिए चिंता का विषय बनी हुई थीं। विवाह हो जाने से उन सबको संकट से

मुक्ति मिल सकती थी तथा इस बात की भी संभावना थी कि विवाह हो जाने के बाद राधाबाई के स्वभाव में सुधार हो जाएगा। इस बिना माँ की लड़की को सब लोग टोकते रहते थे तथा उपदेश दिया करते थे, अत: वह भी इन बंधनों-विरोधों से मुक्ति चाहती थी। इसके अतिरिक्त राधाबाई का अनुमान था कि ब्रह्मविद्या की खोज में ब्लावतस्की उनकी सहायता करेगा, अत: इस अनाकर्षक, उम्र में बहुत अधिक तथा मंदबुद्धि के व्यक्ति को पति रूप में स्वीकार कर लेना अनुचित नहीं समझ रही थीं।

पति से विद्रोह

7 जुलाई, 1841 को दोनों का विवाह संपन्न हो गया। विवाह संस्कार के समय पुरोहित ने कुछ प्रतिज्ञाएँ कराईं, जिनमें वधू को यह कहना था—'मैं पति की प्रत्येक आज्ञा का पालन करूँगी।' स्वतंत्रता-प्रेमी राधाबाई झूठी प्रतिज्ञा नहीं कर सकती थीं। अत: वह धीरे से बुदबुदाई, "निश्चित ही, मैं आज्ञा का पालन नहीं करूँगी।" अधिक लोगों ने इस बात को नहीं सुना। विवाह संपन्न हो गया।

राधाबाई पति के साथ ससुराल गईं। उन्होंने पति के समक्ष अपने विचार स्पष्ट कर दिए। उन्होंने सामान्य पत्नियों की तरह रहने, संतान उत्पन्न करने, भोग-विलास में मग्न रहने से इनकार कर दिया। उन्होंने कह दिया कि उन्होंने ब्रह्मविद्या की खोज में सहायक के रूप में ब्लावतस्की को चुना है, सांसारिक पति के रूप में नहीं। ब्लावतस्की को ऐसी आशा नहीं थी। उसने राधाबाई के विचारों में परिवर्तन करने का बहुत प्रयास किया, लेकिन उसे सफलता नहीं मिली। राधाबाई को अनुभव हुआ कि वह गड्ढे से निकलकर कुएँ में गिर गईं। ससुराल में तो मायके से अधिक बाधाएँ आ खड़ी हुई हैं। अत: वह इस पिंजरे से मुक्त होने का उपाय सोचने लगीं। एक दिन वह एक अच्छे घोड़े पर घूमने निकलीं। उस दिन वे किसी रक्षक को अपने साथ नहीं ले गईं। उन्होंने अपना घोड़ा नाना के घर की दिशा की ओर दौड़ा दिया। नदी, बीहड़, जंगल, पर्वत पार

करती हुई वह सत्रह वर्षीया नववधू हारी-थकी नाना के घर पहुँची। वहाँ जिसने यह समाचार सुना, स्तब्ध रह गया। सबने एक स्वर में राधाबाई को समझाया कि वह अपने पति के पास वापस जाए, लेकिन उन्होंने दृढ़तापूर्वक कह दिया, "मैं वहाँ नहीं जाऊँगी। यदि आप बलपूर्वक मुझे वहाँ भेजेंगे, तो मैं पुन: इसी प्रकार भाग आऊँगी। और इस बार किसी दूसरी जगह जाऊँगी, जो बुरा हो सकता है।" इस समय राधाबाई के पिता कहीं दूर थे, अत: यह सब समाचार उनको भेजा गया। उन्होंने राधाबाई को अपने पास भेजने को कह दिया। नाना ने उन्हें घोड़ागाड़ी से पिता के समीप भिजवाने की व्यवस्था कर दी। साथ में दो बहुत विश्वासी नौकर भी भेजे। यात्रा बहुत लंबी थी।

राधाबाई अपने पिता के फौजी स्वभाव को जानती थीं। उनके पत्र से उन्हें आभास मिल गया था कि वे उनके साथ कठोरता का व्यवहार करेंगे, निश्चित ही उसे पति के पास भेज देंगे। घर के लोग उसके लिए अपनी योजनाएँ बना रहे थे और राधाबाई इस भव-बंधन से मुक्त होने के लिए अपनी योजना पर विचार कर रही थीं।

युवती का एकाकी पलायन

अंतत: बहुत सुंदर व्यवस्था और सुरक्षा के साथ घोड़ागाड़ी में राधाबाई को पिता के पास भेज दिया गया। थल और जलमार्ग की यात्रा पूरी करके पानी के जहाज में यात्रा करते हुए एक निश्चित स्थान पर पहुँचकर पुन: थलमार्ग से होकर पिता के पास पहुँचना था। जब जहाज बंदरगाह पर रुका तो उन्होंने नौकरों को ठहरने तथा आगे की यात्रा की व्यवस्था करने के लिए जहाज से उतार दिया और स्वयं जहाज पर ही बनी रहीं। संयोग से यह जहाज तुर्की जा रहा था। उन्होंने जहाज के कप्तान को समझा-बुझाकर तुर्की का टिकट ले लिया। नौकर व्यवस्था करके वापस आ नहीं पाए और जहाज रवाना हो गया। अब राधाबाई पूर्ण रूप से पारिवारिक संबंधों, पति, मित्रों और जन्मभूमि को छोड़कर सर्वथा

अपरिचित देश और लोगों के बीच अकेले जा रही थीं। राजसी वैभव, भोग-विलास, माया-मोह का परित्याग करके सच्चे अर्थों में परिव्राजक हो गई थीं। यह पलायन उच्छृंखलता, असंयम या मानसिक विकार का परिणाम नहीं था, बल्कि वह परम तत्त्व की खोज, जीवन के रहस्य के उद्घाटन तथा वास्तविक ज्ञानियों से साक्षात्कार करने के लिए निकली थीं। यह भावुक मन का आवेग मात्र नहीं था, अपितु इसकी तुलना महात्मा बुद्ध के महाभिनिष्क्रमण, आचार्य शंकर के संन्यास लेने तथा चैतन्य के गृह-त्याग से की जा सकती है।

□

स्वप्न के देवता का साक्षात् दर्शन और पिशाच-विद्या से मुक्ति

राधाबाई को लेकर जहाज कॉन्स्टेंटीनेपल्स के बंदरगाह पर पहुँचा। जहाज ने तट से काफी दूर लंगर डाला। कप्तान ने राधाबाई को तट पर पहुँचाने की कोई व्यवस्था नहीं की। इसके विपरीत वह डराने लगा कि जहाज से उतरकर तट पर जाने में अभी बहुत खतरा है। वास्तव में अठारह वर्षीया संभ्रांत सुंदरी राधाबाई को देखकर उसकी भावनाएँ दूषित हो गई थीं। राधाबाई ने दृढ़ आत्मबल और साहस का परिचय दिया। कायर कप्तान का आगे बढ़ने का साहस नहीं हुआ, लेकिन उन्हें उतारने की उसने फिर भी व्यवस्था नहीं की। दैवी कृपा से एक दूसरा अधिकारी दयालु हो गया। उसने सुरक्षित रूप में उनको तट पर पहुँचा दिया।

राधाबाई का इस नए नगर में कोई परिचित नहीं था। मोहल्लों, सड़कों आदि की कोई जानकारी नहीं थी। पैसा भी कम था। अतः होटल में अधिक दिन ठहरा नहीं जा सकता था। एक क्षीण आशा थी तुर्की की काउंटेस से। उनके परिवारवालों से काउंटेस का पुराना परिचय था।

वह उससे मिली तो उसने राधाबाई का स्वागत किया। इतना ही नहीं, उसने इनके साथ तुर्की, यूनान, मिस्र, फ्रांस आदि देशों का भ्रमण भी किया।

प्राणों पर संकट

एक दिन कॉन्स्टेंटीनेपल में घोड़ा कुदाने की प्रतियोगिता हो रही थी, जिसमें विजेता को पर्याप्त पुरस्कार मिलनेवाला था। राधाबाई को धन का अभाव था। वह घुड़सवारी में अपने को कुशल समझती थीं। उन्होंने सोचा कि यदि यह प्रतियोगिता जीत ली जाए तो आर्थिक समस्या का कुछ समाधान हो सकता है। जिस घोड़े को कुदाना था, वह बहुत शैतान था और दो सवारों को मार चुका था। राधाबाई इससे भयभीत नहीं हुईं। उस घोड़े पर सवार होकर अठारह अवरोध पार करने थे। राधाबाई सोलह अवरोधों से घोड़े को पार कर ले गई, लेकिन इसके बाद घोड़ा गिर पड़ा। वह भी ऐसे गिरी कि दबकर निश्चित ही मर जातीं। लेकिन उसी क्षण एक बलिष्ठ व्यक्ति दिखाई पड़ा, जिसने बिजली के वेग से इनको कुचले जाने से बचा लिया तथा तुरंत ही गायब हो गया। राधाबाई ने स्पष्ट देखा था कि वह पोशाक और चेहरे से तुर्की नहीं लग रहा था। यह वही व्यक्ति था, जो कई बार संकटों से उनको उबार चुका था। इस घटना से राधाबाई के मन में यह दृढ़ विश्वास हो गया कि वह विदेश में अकेली नहीं है। उनके साथ कोई शक्तिशाली, रहस्यमय, अलौकिक व्यक्तित्व भी रहता है, जो आवश्यकता पड़ने पर सहायता करता रहता है।

सौभाग्य से रूस के राजपरिवार की सदस्या से उनकी भेंट हो गई। वह भी यूरोप के भ्रमण के लिए आई थी। राधाबाई के परिवार से वह अच्छी प्रकार परिचित थी। उसके साथ उन्होंने पूरे यूरोप का भ्रमण किया और लंदन पहुँचीं। विभिन्न देशों में उन्हें जो उच्च कोटि के ब्रह्मविद्या विशेषज्ञ और तांत्रिक मिले, उन्हें समझने का प्रयास किया। लेकिन अभी तक कोई ऐसा व्यक्ति नहीं मिला, जो राधाबाई को विशेष प्रभावित कर सकता। विभिन्न देशों का भ्रमण अवश्य हो रहा था, लेकिन उनके ज्ञान की पिपासा को तृप्ति नहीं मिल रही थी।

स्वप्न के देवता का दर्शन

लंदन में एक दिन कई भारतीय सड़क पर जाते दिखाई पड़े। वे वस्त्र-विन्यास से भारतीय राजकुमार प्रतीत हो रहे थे। इनमें एक व्यक्ति वही था, जो बहुत बार स्वप्न में दिखाई पड़ा था तथा संकट के समय सहायता के लिए भी प्रकट हुआ था। राधाबाई उसे देखकर इतनी भाव-विभोर हो गईं कि उसकी ओर तेजी से बढ़ने लगीं। उसने इनको देख लिया और हाथ के संकेत से पास आने से रोक दिया। उसे देखकर इनके मन में बड़ा आनंद हुआ। अभी तक उस व्यक्ति के संबंध में उनके मन में अनेक शंकाएँ थीं। वह नहीं समझती थीं कि वह व्यक्ति कभी मनुष्य रूप में उनको देखने को मिल सकेगा। आज उनको यह विश्वास हो गया कि उनका अलौकिक रक्षक प्रत्यक्ष रूप से उन्हें अवश्य मिलेगा। अब वह प्रतिक्षण उसी के चिंतन में लीन रहने लगीं तथा उसके दर्शन करने के लिए हृदय से व्याकुल हो उठीं। उनको यह भी प्रतीत होने लगा कि वही व्यक्ति उनकी आध्यात्मिक समस्याओं का समाधान करेगा तथा भावी प्रगति का सच्चा पथ-प्रदर्शक बनेगा।

दूसरे दिन उनके मन ने कहा कि उन्हें लंदन के प्रसिद्ध हाइड पार्क में जाना चाहिए। अतः वह हाइड पार्क पहुँचकर एक बेंच पर बैठ गईं। वह पिछले दिन की घटना पर विचार कर रही थीं कि उसी समय वही व्यक्ति उनकी ओर आता दिखाई पड़ा। वह उसे देखते ही बेंच से उठ खड़ी हुईं। लेकिन उसने बेंच पर बैठने का संकेत किया और पास आकर बेंच पर बैठ गया। उस दिव्य व्यक्तित्व वाले महापुरुष को निकट बैठा देखकर राधाबाई के रोम-रोम में आनंद की लहर दौड़ गई। उन्हें अभी विश्वास ही नहीं हो रहा था कि जिसको वह बहुत दिनों से रहस्यमय समझ रही थीं, वही भारतीय राजकुमार के भव्य परिधान में उनके सामने बैठा है। वह यह अनुभव कर रही थीं कि यह व्यक्ति साधारण राजकुमार नहीं है, अपितु महान् आत्मा और अलौकिक महापुरुष है, ऋषि है,

तपस्वी है, योगी है। उसने अपने योगी रूप को दुनिया से छिपाने के लिए राजकुमार का वेश धारण कर रखा है। उसने राधाबाई को दर्शन देने की जो अनुकंपा की थी, उसके प्रति आभार व्यक्त करने के उपयुक्त शब्द राधाबाई के मस्तिष्क में नहीं आ रहे थे।

उस राजकुमार रूपी योगी ने कहा, "मुझे मालूम था कि तुम लंदन आओगी और तुमसे भेंट भी होगी। हम मानवता के कल्याण के लिए एक विस्तृत कार्यक्रम बना रहे हैं। इसमें तुम्हारे योगदान की विशेष आवश्यकता है। इसके लिए तुम्हें तिब्बत में सात वर्ष का प्रशिक्षण प्राप्त करना होगा। इस संपूर्ण कार्य में बहुत कठिनाइयाँ आएँगी तथा अनेक कष्ट सहन करने पड़ेंगे। तुम इस प्रस्ताव पर गंभीरतापूर्वक विचार करके उत्तर देना। मैं यथासमय तुमसे फिर मिलूँगा।" इसी प्रकार की कुछ और बातें करके उसने विदा ली।

घर से पलायन का रहस्य

राधाबाई को ऐसा अनुभव हो गया कि उनका घर से पलायन करना निरर्थक नहीं रहा। महापुरुष के दर्शन मात्र से उनका जीवन सार्थक हो गया। उन्हें ऐसा प्रतीत हुआ कि जिन गूढ़ प्रश्नों पर वह वर्षों से जूझ रही थीं तथा जिनके समाधान के लिए वह देश-विदेश में भटक रही थीं, वे प्रश्न इस देवदूत के दृष्टिपात मात्र से सुलझ गए। अब उन्हें यह भी ज्ञात हो गया कि उन्हें व्यक्तिगत मोक्ष मात्र के लिए नहीं जीना है, बल्कि मानवता के कल्याण के किसी महान् कार्य में सक्रिय सहयोग भी देना है।

इस घटना के बाद राधाबाई विश्व-भ्रमण के लिए पुनः निकल पड़ीं। संभवतः वे अपने आध्यात्मिक मार्गदर्शक की प्रेरणा से ही यात्रा के लिए निकली थीं। इसका मुख्य उद्देश्य यह प्रतीत होता है कि उनके गुरु अपनी इस शिष्या की जिज्ञासा को शांत कर देना चाहते थे तथा यह भी अनुभव करा देना चाहते थे कि संसार में वास्तविक और प्रामाणिक ब्रह्मविद्या का स्रोत केवल भारत में ही है, अन्यत्र कहीं नहीं है। इसके

अतिरिक्त, राधाबाई को भविष्य में विश्व-मानवता को एक अभिनव संदेश देना था, अतः उन्हें विभिन्न देशों के लोगों, उनकी संस्कृति तथा उनकी आध्यात्मिक परंपरा का प्रत्यक्ष ज्ञान होना भी आवश्यक था।

राधाबाई के इन गुरु ने स्पष्ट शब्दों में आश्वासन दे दिया था कि वह उनकी बचपन से लेकर अब तक सुरक्षा करते रहे हैं और भविष्य में भी सुरक्षा करते रहेंगे। इस आश्वासन से वह और अधिक निर्भीक, साहसी और जिज्ञासु हो गई थीं। अब उनको विश्व के किसी भाग तथा किसी प्रकार के लोगों के बीच में जाने में कोई संकोच नहीं था।

पिशाच-विद्या से मुक्ति

राधाबाई का ब्रह्मविद्या के क्षेत्र का ज्ञान और अनुभव नगण्य सा था। संसार के प्रत्येक क्षेत्र में धर्म और अध्यात्म के नाम पर अनेक असद् कार्य भी हो रहे थे। बहुत लोग साधारण जादू-टोने को ही दैवी शक्ति का प्रतीक मान लेते थे। कुछ इसी प्रकार के भ्रामक आकर्षणों से वह कनाडा के रेड इंडियन लोगों के बीच पहुँचीं, लेकिन उन्हें वास्तविक ज्ञान का वहाँ दर्शन नहीं हुआ। अन्य कई जगह भटकते हुए न्यू ओरलियंस की पिशाच विद्या का नाम सुनकर उसकी ओर आकर्षित हुईं तथा इस विद्या के सीखने का प्रयास करने लगीं। इसके सीखने में उनकी आध्यात्मिक प्रगति नहीं हो सकती थी, अपितु हानि की अधिक संभावना थी। इनके अलौकिक रक्षक ने अपनी दिव्य-दृष्टि से यह सब जान लिया। अतः विवश होकर उनको प्रकट होना पड़ा और राधाबाई को पिशाच-विद्या से मुक्त कराना पड़ा।

□

भारत और तिब्बत की साहसिक यात्रा और विलक्षण सहायता

मेक्सिको की यात्रा में एक हिंदू तथा एक अंग्रेज मिला। ये दोनों भी राधाबाई की तरह वास्तविक ज्ञान की खोज में भटक रहे थे। विश्व के अधिकांश भागों का भ्रमण करने के बाद भी उन्हें कहीं आंशिक संतोष नहीं प्राप्त हुआ था। तीनों लोगों ने विचार-विमर्श के बाद यह निष्कर्ष निकाला कि वास्तविक ज्ञान हिमालय, विशेषत: तिब्बत में ही मिल सकता है, अत: किसी प्रकार वहाँ पहुँचने का प्रयास करना चाहिए। तीनों ने भारत के लिए प्रस्थान किया। बंबई पहुँचकर किसी कारण से तीनों अलग हो गए। राधाबाई के मन में एक लोभ उत्पन्न हुआ कि यदि वह किसी प्रकार तिब्बत पहुँच जाएँ, तो संभव है कि अपने रक्षक और गुरु के दर्शन कर सकें। इसी भावना से प्रेरित होकर उन्होंने तिब्बत जाने का प्रयास किया। तिब्बत की यात्रा बहुत कठिन थी तथा भारत के शासकों ने अनेक कठोर प्रतिबंध लगा रखे थे। अज्ञात कारणों से उन्हें कोई अलौकिक सहायता भी नहीं प्राप्त हो सकी थी, अत: वह उस समय उस रहस्यमय और निषिद्ध देश की यात्रा नहीं कर सकीं।

तीस वर्ष तक प्रतीक्षा करने का आदेश

भारत के अन्य भागों का भ्रमण करके वह सिंगापुर और जावा होते हुए इंग्लैंड आ गईं। वह केवल इधर-उधर भटक रही थीं, किंतु उनकी

कोई प्रगति नहीं हो रही थी। उनको कुछ समझ में नहीं आ रहा था कि अब क्या किया जाए। एक प्रकार से वह हतोत्साहित सी हो रही थीं। ऐसे ही समय में उनके अलौकिक रक्षक से उनकी पुनः भेंट हो गई। इस महान् हिंदू योगी ने कहा, "तुम्हारा कार्यक्षेत्र भारत है, लेकिन वास्तविक महान् कार्य अट्ठाईस या तीस वर्ष बाद प्रारंभ होगा। इस अवधि में तुम्हें भारत के विभिन्न पक्षों का अध्ययन करना चाहिए।"

राधाबाई के लिए यह बहुत कठोर आदेश था। इतनी लंबी अवधि तक प्रतीक्षा करना उन्हें असंभव सा प्रतीत हो रहा था। उन्हें अपना जीवन ही निरर्थक प्रतीत होने लगा तथा घोर निराशा और अवसाद ने घेर लिया। उन्होंने एक दिन लंदन में टेम्स नदी के किनारे खड़े होकर नदी में कूदकर आत्महत्या का निश्चय कर लिया। इसी क्षण गुरु और रक्षक प्रकट हो गए तथा उन्हें बहुत समझाया-बुझाया और आश्वासन दिया कि जिस तत्त्व-दर्शन की खोज में वह इतने दिनों से भटक रही हैं, वह उन्हें निश्चित रूप से प्राप्त होगा।

इस गुरु-दर्शन से राधाबाई के मन के भ्रम दूर हो गए, निराशा समाप्त हो गई तथा उनमें तत्त्व-दर्शन की खोज के लिए नया उत्साह आ गया।

टेम्स नदी के किनारे राधाबाई और उनके अलौकिक रक्षक के बीच क्या बात हुई, इसका विस्तृत विवरण प्राप्त नहीं है, लेकिन ऐसा अनुमान है कि उन्हें भ्रमण और भारत देखने के लिए निर्देश प्राप्त हुआ था। अतः वह पुनः यात्रा पर निकल पड़ीं। विभिन्न स्रोतों से ज्ञात होता है कि वह सन् 1854 में न्यूयॉर्क (अमेरिका) में थीं। अमेरिका के अन्य स्थानों की यात्रा करते हुए वे मेक्सिको और दक्षिणी अमेरिका गईं। सन् 1855 में जापान पहुँचीं, तथा वहाँ के आध्यात्मिक पुरुषों से मिलीं। वहाँ से भारत के लिए प्रस्थान किया।

तिब्बत की यात्रा और अलौकिक सहायता

भारत में राधाबाई को तीन ऐसे विदेशी मिले, जो तिब्बत यात्रा के लिए प्रयत्न कर रहे थे। इनमें से एक इनके पिता का परिचित था। राधाबाई की तो तिब्बत पहुँचने की उत्कट अभिलाषा थी, अत: वह भी इन तीनों की योजना में सम्मिलित हो गईं। यह यात्री वहाँ से लद्दाख तक आए। यहाँ से तिब्बत में प्रवेश करने के लिए अनेक मार्ग थे।

राधाबाई के निकट के लोगों का कहना था कि उनके तीन साथी तो वहाँ से आगे नहीं बढ़ पाए; लेकिन वह किसी व्यक्ति की सहायता से तिब्बत में प्रवेश करने में सफल हो गई थीं। चूँकि वह अवैधानिक रूप से तिब्बत गई थीं, अत: उस समय उन्होंने लिखित रूप में कहीं स्वीकार नहीं किया कि वह वहाँ कैसे गईं। लेकिन अन्य अनेक आधारों पर यह निष्कर्ष निकाला जाता है कि वह निषिद्ध देश तिब्बत की यात्रा करने में अवश्य सफल हुई थीं। इस कथन की पुष्टि इस तथ्य से भी होती है कि इसके बाद तिब्बत के संबंध में उनकी अत्यंत रोचक लेखमाला रूसी भाषा में प्रकाशित होनेवाले 'मास्को न्यूज' में प्रकाशित हुई थी, जिसकी लेखिका का नाम राधाबाई था। जैसा हम प्रारंभ में बता चुके हैं कि राधाबाई का वास्तविक नाम 'हेलना पेट्रोवना ब्लावतस्की' था। संभवत: इनके गुरु ने आध्यात्मिक कारणों से अथवा सामान्य स्नेह के कारण इनका नाम राधाबाई रख दिया और वह इसी नाम से लेख लिखने लगीं। ये लेख रूस में बहुत रुचि से पढ़े गए। इन लेखों में तिब्बत का ऐसा विलक्षण वर्णन किया गया था कि कुछ लोगों ने कहा कि इनमें तथ्यों की अपेक्षा कल्पना का अधिक प्रभाव है। ये लेख 'हिंदुस्तान के जंगल और गुफाएँ' नाम से पुस्तक के रूप में कई भाषाओं में प्रकाशित हो गए थे। यह पुस्तक आज भी उपलब्ध है।

राधाबाई की इस बार की भारत यात्रा लगभग दो वर्ष की रही। उन्होंने तिब्बत तथा भारत के अन्य भागों का खूब भ्रमण किया। उनको

इस यात्रा में इतना आनंद आया कि वह दो वर्ष की अवधि को स्वप्न-काल कहती थीं। इस काल की दो मुख्य विशेषताएँ रहीं—पहली तो यह कि दो वर्ष में उनके अलौकिक रक्षक ने एक बार भी प्रत्यक्ष रूप से दर्शन नहीं दिए, लेकिन इनकी सुरक्षा प्रतिक्षण होती रही। आज से सवा सौ वर्ष पहले एक विदेशी स्त्री का जंगलों, पहाड़ों, गुफाओं आदि में अकेले घूमना, जान-बूझकर खतरा मोल लेना था, लेकिन राधाबाई को अपने अलौकिक रक्षक के कारण कोई क्षति नहीं हुई। इतना ही नहीं, उन्हें प्रत्येक समय दैवी सहायता प्राप्त होती रही। दूसरी उल्लेखनीय बात यह रही कि इस दो वर्ष की अवधि में अलौकिक रक्षक के पत्र और मनीऑर्डर अवश्य मिलते रहे। वह परिव्राजक राधाबाई का विभिन्न स्थानों में पता कैसे जान लेते थे, यह उनके लिए बहुत बड़े आश्चर्य की बात होती थी। पत्रों और मनीऑर्डर में उनका स्वयं का पता नहीं होता था। इसी प्रकार अन्य प्रसंगों में आवश्यकतानुसार जो सहायता प्राप्त होती थी, उसमें भी विलक्षणता होती थी।

भारत में 1857 में पहला स्वतंत्रता संग्राम प्रारंभ होने के कुछ समय पहले राधाबाई को उनके रक्षक का एक पत्र प्राप्त हुआ, जिसमें उनसे शीघ्र भारत छोड़ देने को कहा गया था, क्योंकि भारतवासियों में गोरों के प्रति घोर घृणा का भाव फैलनेवाला था। विद्रोही गोरे रंग के कारण राधाबाई को भी अंग्रेज समझकर क्षति पहुँचा सकते थे। यद्यपि वास्तविकता यह थी कि रूसी लोग स्वयं अंग्रेजों के विरोधी थे। राधाबाई भी अंग्रेज शासकों के विरुद्ध थीं; क्योंकि वे उनके प्रिय देश भारत का शोषण कर रहे थे तथा उसकी संस्कृति को नष्ट कर रहे थे। राधाबाई ने अपने रक्षक का आदेश पालन करते हुए यूरोप के लिए प्रस्थान किया। □

अलौकिक शक्तियों का प्रदर्शन

राधाबाई ने जब अपने पति के घर से पलायन किया था तो उनका एकमात्र उद्देश्य सद्गुरु और सच्चे ज्ञान की खोज करना था। अब तक उनको रूस से निकले नौ वर्ष हो चुके थे। इस अवस्था में उन पर अनेक संकट आए थे, निराशा से ग्रस्त हुई थीं, धन का अभाव भी हुआ था; लेकिन रूस लौटकर अपने पति व नाना के राजसी वैभव में रहने और सुविधाभोगी जीवन व्यतीत करने की इच्छा कभी नहीं हुई थी। परिवार के लोग इनकी सुरक्षा और कल्याण के लिए बहुत चिंतित हुए थे तथा उन्होंने इनसे संपर्क स्थापित करने का प्रयास किया था, लेकिन घुमक्कड़ी प्रकृति के कारण उनसे संपर्क करना संभव नहीं था। उस समय संपर्क और संचार के साधन आज जैसे विकस्ति भी नहीं थे। टेलीफोन, तार, वायरलेस, रेडियो, हवाई जहाज, आदि का प्रचलन नहीं था। एक देश से दूसरे देश को भेजे जानेवाले पत्र महीनों में पहुँचते थे। अत: केवल रूस से जानेवाले पर्यटकों द्वारा ही राधाबाई के समाचार कभी-कभी उनके परिवारवालों को मिल जाते थे। नाना, पति और पिता के परिवार के लोग उनकी ओर से निराश और उदासीन हो चुके थे।

नौ वर्ष बाद मातृभूमि के दर्शन

राधाबाई ने नौ वर्ष विदेश प्रवास के बाद बहुत अनुभव और ज्ञान अर्जित कर लिया था तथा अब वह अठारह वर्ष की लड़की से सत्ताईस

वर्ष की प्रौढ़ महिला हो गई थीं। इसके अतिरिक्त जिस सद्गुरु की खोज में वह भटक रही थीं, वह उनको मिल चुका था। निकट भविष्य में सच्चा ज्ञान मिलने का उनको पूर्ण विश्वास हो गया था तथा शेष जीवन के लिए महान् विश्वव्यापी और सुनिश्चित कार्यक्रम गुरु द्वारा निर्धारित कर दिया गया था। अब उनके मन में पहले की अस्थिरता, व्यग्रता और अतृप्ति नहीं थी। अब वह अपने परिवार के सदस्यों, संबंधियों, मित्रों, परिचितों से गर्व से कह सकती थीं कि उन्होंने किसी मानसिक विकार के कारण वैवाहिक जीवन का त्याग नहीं किया था, किसी भावावेश में राजसी सुख-साधन को तिलांजलि नहीं दी थी, किसी मनोरंजन या साहसिकता के लिए संसार के कोने-कोने में भटकती नहीं घूमी थीं, अपितु महान्, उदात्त और कल्याणकारी लक्ष्य की खोज में ही इतना समय और श्रम लगाया था। इस समय उनके अनुभवों और ज्ञान में विपुल वृद्धि हुई और ऐसी तांत्रिक उपलब्धि हो चुकी थी, जिससे वे अपने विरोधियों, उपहास करनेवालों तथा शुभचिंतकों को समुचित उत्तर दे सकती थीं। अब उनके मन में रूस पहुँचने और परिवार के लोगों से मिलने की उत्कट इच्छा थी। उनको विश्वास हो गया था कि अब उनके पति या पिता के घर के लोग सांसारिक कार्यों में फँसने या साहसिक आध्यात्मिक मार्ग छोड़ने के लिए विवश नहीं कर सकेंगे।

राधाबाई ने नौ वर्षों की अवधि में एक भी पत्र अपने परिवार के लोगों को नहीं लिखा था। परिवारवालों को उनके संबंध में कोई प्रामाणिक समाचार भी नहीं मिला था। ऐसी स्थिति में अधिकांश लोगों ने उन्हें मृत मान लिया था।

इतने दिनों में उनके परिवार में अनेक परिवर्तन हो चुके थे। उनकी छोटी बहन का विवाह हो गया था और दो वर्ष में ही वह विधवा हो चुकी थी। उसके दो बच्चे थे। सन् 1858 में वहाँ पर बड़े दिन का उत्सव मनाने का आयोजन सारे देश में हो रहा था। राधाबाई की छोटी

बहन वीरा की ननद का विवाह इस शुभ दिन होने जा रहा था। उसकी ससुराल में उसके तथा राधाबाई के पिता तथा अन्य अनेक निकट संबंधी एकत्र हुए थे। घर में बड़ी सजावट और धूमधाम थी। मेहमानों का घर में ताँता लगा था। दावत का कार्यक्रम प्रारंभ ही होनेवाला था कि किसी ने इसी समय दरवाजे पर आदेशात्मक ढंग से घंटी बजाई। उनकी छोटी बहन वीरा के मन में यह भाव कौंध उठा कि यह घंटी उसकी नौ वर्ष से लापता बहन की न हो! यों तो घंटी बजने पर नौकर दरवाजा खोलते थे, लेकिन इस बार वीरा स्वयं झपटकर उठी और दरवाजा खोल दिया। उसके लिए आश्चर्यों का आश्चर्य घटित हो गया। उसको आँखों, मन, बुद्धि को विश्वास नहीं हो रहा था। उसके सामने वर्षों से बिछुड़ी बहन खड़ी थी। वह भावावेग में दौड़कर उससे लिपट गई और दोनों की आँखों से आनंदातिरेक में अश्रुपात होने लगा। जैसे ही राधाबाई दावत वाले हॉल में पहुँचीं, सब लोग आश्चर्यचकित हो गए। सब ओर से आवाजें आने लगीं, "अरे हेलना आ गई, हेलना आ गई।" हेलना राधाबाई का घरेलू संक्षिप्त नाम था। सब लोगों को बड़ी प्रसन्नता हुई और सबको यह जानने की जिज्ञासा हुई कि वह इतने दिन कहाँ रहीं और कैसे रहीं। राधाबाई की ठीक समय पर उपस्थिति से विवाह-समारोह और बड़े दिन का उत्सव असाधारण आनंद के साथ संपन्न हुआ।

चमत्कारों का प्रदर्शन

यों राधाबाई बचपन से ही विलक्षण थीं, लेकिन इतने विश्वभ्रमण करके आने के बाद उनमें अन्य प्रकार की विशेषताएँ और विचित्रताएँ उत्पन्न हो गई थीं। अब वह जहाँ कहीं जातीं तो उस घर के प्रत्येक कमरे का फर्नीचर अपने आप हिलने-डुलने या सरकने लगता। कमरे की प्रत्येक वस्तु, जैसे—दीवार, छत, खिड़की, दरवाजे, सोफे, शीशे आदि से आघात करने की आवाजें आने लगतीं, अन्य प्रकार की

रहस्यात्मक ध्वनियाँ भी सुनने को मिलतीं। इतना शोरगुल और हलचल हो जाती कि वहाँ पर उपस्थित अन्य लोग भयभीत और विचलित हो उठते। कभी-कभी राधाबाई अदृश्य शक्तियों की इन हरकतों से खीझ उठतीं। किसी सीमा तक आत्माओं के इस खेल को वह नियंत्रित कर लेती थीं, लेकिन इन पर उनका पूर्ण अधिकार नहीं प्रतीत हो रहा था। जहाँ राधाबाई जातीं और इस प्रकार की घटना होती तो संपूर्ण क्षेत्र में यह विचित्र बात हजारों लोगों में फैल जाती और दूर-दूर से लोग इस चमत्कार को प्रत्यक्ष रूप से देखने के लिए आ जाते। उनमें एक और शक्ति यह आ गई थी कि वह दूसरों के मन के विचारों को स्वत: ठीक-ठीक जान लेती थीं। यह भी लोगों के लिए बहुत बड़ा आश्चर्य होता था।

राधाबाई से मिलने आनेवाले लोगों में अनेक शंकालु होते तथा वे परीक्षा लेने आते थे। वह सब प्रकार की परीक्षा देने के लिए तत्पर हो जाती थीं। कुछ लोगों को भ्रम था कि यह हाथ की सफाई या कोई चालाकी मात्र है, अत: वे राधाबाई के हाथ-पैर बाँधने या आँखों पर पट्टी आदि बाँधने को कहते। वह उनको संतुष्ट करने के लिए ऐसा भी करने को राजी हो जातीं। फिर भी अनेक प्रकार के चमत्कार होते रहते। ये सब विचित्र घटनाएँ किसी की समझ में नहीं आती थीं। सब परास्त या निराश होकर चले जाते थे। फिर कुछ लोग उलटी-सीधी व्याख्याएँ किया करते और तर्क दिया करते। चर्च के पादरी लोग तो इन चमत्कारों को 'शैतान का काम' कहकर बदनाम करते थे। वैज्ञानिक भी किसी अस्पष्ट ढंग से इसकी व्याख्या करने का प्रयास करते।

इस प्रसंग में सबसे आश्चर्य की बात यह थी कि राधाबाई के छोटे भाई और पिता इन घटनाओं की अलौकिकता पर विश्वास नहीं करते थे। वे भी इसे सामाजिक मनोरंजन के लिए हाथ की सफाई मानते थे।

छोटे भाई को दंभ का दंड

राधाबाई का छोटा भाई लियोनिड विश्वविद्यालय का सुशिक्षित युवक था। उसने लैटिन और जर्मन भाषाओं के गंभीर साहित्य का अध्ययन किया था। एक दिन राधाबाई कुरसी पर बैठी अपने कुछ श्रोताओं को तंत्र-मंत्र के संबंध में कुछ समझा रही थीं। लियोनिड उनकी कुरसी के पीछे खड़ा था। उसने अपनी चमत्कारी बहन से प्रश्न किया, "क्या मंत्र-बल से भौतिक पदार्थ का वजन कम या ज्यादा किया जा सकता है?"

राधाबाई ने कहा, "हाँ, संभव है।"

लियोनिड ने फिर प्रश्न किया, "क्या तुम ऐसा करके दिखा सकती हो?"

राधाबाई ने उत्तर दिया, "मैंने ऐसा कई बार करके दिखाया है, लेकिन यह निश्चित नहीं है कि प्रत्येक बार प्रयास सफल ही हो जाए।"

वहाँ उपस्थित लोगों ने इस प्रकार के प्रयोग को करके दिखाने का आग्रह किया।

राधाबाई ने एक छोटी मेज अपने सामने एक युवक से रखवाई और उसकी ओर कुछ क्षण के लिए अपनी दृष्टि केंद्रित की। फिर उस युवक से ही मेज सरकाने के लिए कहा, जो उसे अति सरलता से उठा लाया था। युवक ने पूरी शक्ति लगाकर प्रयास किया, किंतु मेज एक सूत भी हिला नहीं सका। वहाँ उपस्थित लोगों में सबने तो यह विश्वास कर लिया कि वास्तव में मेज युवक सरका नहीं पा रहा है, लेकिन उनके छोटे भाई लियोनिड के मन में यह संदेहात्मक विचार आया कि उसकी बहन और युवक में इस खेल के लिए पहले से साँठ-गाँठ है और यह युवक नाटक कर रहा है, मेज भारी नहीं हुई है।

राधाबाई लियोनिड के मन के भाव को तुरंत समझ गईं। उन्होंने उससे कहा, "तुम भी मेज उठाने का प्रयास करो।"

लियोनिड युवक और बलिष्ठ था। मेज पर उसने पूरी शक्ति लगाई, लेकिन वह भी उसे सूत भर सरका नहीं सका। फिर उसने मेज की अच्छी तरह परीक्षा करके अनेक धक्के और ठोकरें मारीं, लेकिन मेज टस-से-मस न हुई। अंत में उसने शर्मिंदा और निराश होकर केवल इतना कहा, "कैसी विचित्र बात है!" उसके बाद अन्य कई लोगों ने मेज उठाने का भरपूर प्रयास किया, किंतु किसी को सफलता नहीं मिली।

अब राधाबाई ने हँसते हुए लियोनिड से कहा, "अब फिर प्रयास करो!"

इस बार भी मेज को बहुत भारी समझकर उसने पूरी ताकत लगाकर उसे उठाने का प्रयास किया तो वह मेज उठाए हुए जमीन पर गिर पड़ा। वस्तुतः राधाबाई की मंत्रशक्ति के चमत्कार से मेज अपने वास्तविक वजन से बहुत अधिक हलकी हो चुकी थी, लेकिन लियोनिड ने ताकत बहुत लगा दी थी, इसलिए उसके शरीर का संतुलन बिगड़ गया और वह धराशायी हो गया। इस घटना में उसकी बाँह उखड़ गई। इसके बाद उनके भाई लियोनिड ने उनकी चमत्कारी शक्तियों पर कभी अविश्वास नहीं किया। अन्य उपस्थित लोग भी सावधान हो गए तथा निरर्थक प्रलाप करने से बचने लगे।

पिता के भ्रम का निवारण

राधाबाई के पिता सेना के उच्च अफसर थे। वह अलौकिकता में बिल्कुल विश्वास नहीं करते थे। इन दिनों उनकी लड़की की विलक्षण शक्तियों की बड़ी चर्चा थी, लेकिन वह इन सब बातों को बकवास समझते थे। एक दिन उनके दो परिचित उनके ही घर पर आपस में बैठकर इन चमत्कारों की चर्चा कर रहे थे। उनमें से एक ने इनके पिता को संबोधित करते हुए कहा, "इन दिनों आपकी लड़की विलक्षण चमत्कार दिखा रही है। मुझे यह आश्चर्य है कि आप उनकी ओर ध्यान ही नहीं दे रहे हैं।"

उनके पिता ने पूर्ण उपेक्षा की मुखमुद्रा बनाते हुए उत्तर दिया— "यह सब कोरा निरर्थक प्रलाप है। गंभीर लोगों को इस ओर ध्यान नहीं देना चाहिए।"

पास बैठे व्यक्ति उनके इस उत्तर से शांत नहीं हुए। उन्होंने राधाबाई के पिता से अनुरोध किया कि वे स्वयं परीक्षा करके देखें, तब कोई निर्णय दें। बिना प्रयोग और परीक्षा के कोई निष्कर्ष निकालना उचित नहीं है। राधाबाई के पिता फौजी थे; अत: किसी चुनौती से बच निकलना उनके स्वभाव और रक्त में नहीं था। उन्होंने अपने मित्र का परीक्षा का प्रस्ताव स्वीकार कर लिया।

मित्र ने उनसे कहा कि वह दूसरे कमरे में जाकर एक कागज पर कोई शब्द लिखें। वह दूसरे कमरे में चले गए और एक क्षण में कागज पर कोई शब्द लिखकर तथा कागज को मोड़कर जेब में रख लिया।

जिस कमरे में राधाबाई के पिता के मित्र बैठे थे, वहीं उन सबसे दूर राधाबाई और उनकी छोटी बहन वीरा बैठी थी। यहाँ पर कोई अक्षरमाला को बार-बार दोहरा रहा था। जिस अक्षर पर रहस्यमय आवाज होती थी, उस अक्षर को कागज पर लिख लिया जाता था। राधाबाई दूर पूर्ण शांत बैठी थीं। वह स्वयं कुछ नहीं कर रही थीं। केवल सात अक्षरों में रहस्यात्मक आवाज बंद हुई। इसके बाद वर्णमाला दोहराने पर कोई आवाज नहीं हुई। इससे यह मानना पड़ा कि जो शब्द रहस्यात्मक ध्वनियों के संकेत से बनना था, वह प्राप्त हो गया। प्राप्त अक्षरों को मिलाकर पढ़ा गया, तो एक विचित्र शब्द बनता था, जो सार्थक नहीं प्रतीत हो रहा था। राधाबाई के पिता के मित्रों को आभास हुआ कि शायद सही शब्द नहीं मिल पाया और प्रयोग असफल रहा है। राधाबाई के पिता ने भी उनके चेहरों को देखकर अनुमान लगा लिया कि वे निश्चित ही उनके द्वारा लिखा शब्द नहीं समझ पाए हैं। वह व्यंग्य की मुद्रा में मुसकराते हुए दूसरे कमरे से इन लोगों के पास आ

गए। वीरा ने अलौकिक ध्वनि के संकेतों के आधार पर शब्द लिखा था। उसने अपनी परची अपने पिता को दे दी। उन्होंने परची खोली और उनकी आँखें खुली-की-खुली रह गईं, क्योंकि उन्होंने अपनी बुद्धि से ऐसा विचित्र शब्द लिखा था, जिसकी कोई कल्पना भी नहीं कर सकता था; लेकिन वीरा की परची में बिल्कुल वही शब्द लिखा था। यह शब्द था उनके उस घोड़े का नाम, जिसे उन्होंने बहुत वर्षों पूर्व एक युद्ध में अपनी सवारी में प्रयोग किया था। यह घोड़ा उनको बहुत प्यारा था। राधाबाई के पिता का मुख विवर्ण हो गया तथा उनको कहना पड़ा, "ओह! यह तो वही शब्द है, जिसे मैंने अपनी परची में लिखा है—'जैचिक'—आश्चर्य है!"

इस घटना के बाद राधाबाई के पिता का ब्रह्मविद्या तथा राधाबाई के क्रियाकलापों के प्रति उपेक्षा और उपहास का भाव समाप्त हो गया। इतना ही नहीं, वह इन विषयों में विशेष रुचि लेने लगे। उन्होंने अदृश्य शक्तियों की सहायता से अपने पारिवारिक इतिहास के संबंध में कुछ महत्त्वपूर्ण सूचनाएँ प्राप्त की थीं।

प्रेतात्माओं से परिचय

राधाबाई की छोटी बहन वीरा का ससुराल बहुत समृद्ध था। उसके ससुरालवालों का बहुत प्राचीन महल था। एक बार राधाबाई घूमने-फिरने के उद्‍देश्य से उसके ससुराल गईं और उसी प्राचीन महल में जाकर ठहरीं। इस महल के एक कमरे तथा कुछ अन्य भागों में उनको विशालकाय छायाएँ दिखाई पड़ती थीं, जो विचित्र पोशाकें धारण किए होती थीं। ये छायाएँ सबको तो नहीं दिखाई पड़ती थीं, लेकिन कुछ अन्य लोगों ने भी देखी थीं। इनमें एक छोटी बालिका भी थी। उसने इन विशाल मानवाकार छायाओं को देखा, तो उसने समझा कि ये लोग इसी महल के रहनेवाले हैं। राधाबाई को समझने में देर नहीं लगी कि ये बहुत प्राचीन काल से इस महल में रहनेवाली प्रेतात्माएँ हैं। ये प्रेतात्माएँ

यदाकदा महल के गलियारों में दिखाई पड़ती थीं, लेकिन अधिकांशतः एक–दो कमरों में ही रहती थीं।

इस महल के पुराने कर्मचारियों से इस संबंध में जानकारी की गई, तो ज्ञात हुआ कि वास्तव में इस प्रकार के लोग महल में रहते थे। वे जिन एक–दो कमरों में अधिकांशतः दिखाई पड़ते थे, वे कमरे या तो मृत्युकक्ष थे या शवकक्ष थे। वहाँ प्रचलन था कि मृत्यु के समय या मृत्यु के बाद शव को दो–तीन दिन रखा जाता था, बाद में दफनाया जाता था। राधाबाई से वीरा ने इन प्रेतात्माओं के बारे में अनेक प्रश्न किए, जिनके उत्तर उन्होंने अपने विस्तृत ज्ञान के आधार पर दिए। उन्होंने कहा कि प्रेतात्माएँ जीवित व्यक्तियों की अपेक्षा उन स्थानों से विशेष आकर्षित होती हैं, जहाँ वे जीवित अवस्था में रही होती हैं या कष्ट सहा होता है अथवा जहाँ उनका व्यक्तित्व सर्वाधिक प्रभावित हुआ होता है। वीरा ने अपने निकट संबंधियों की आत्माओं को बुलाने का आग्रह किया, तो राधाबाई ने किसी कारण से असमर्थता व्यक्त की। संभवतः इस समय तक उनका आत्माओं के जगत् पर पूर्ण नियंत्रण नहीं हो पाया था।

पादरी के घर में अदृश्य शक्तियों का खेल

इस काल में राधाबाई के साथ अदृश्य शक्तियाँ बहुत सक्रिय थीं। एक दिन राधाबाई और वीरा रूसी चर्च के बहुत सम्मानित बिशप के निवासस्थान पर मिलने गईं। बिशप इनके परिवार से पहले से परिचित थे। संभवतः उनको भी राधाबाई के चमत्कारों की कथा मालूम हो चुकी थी। उन्होंने स्वयं इन चमत्कारों को देखने के उद्देश्य से राधाबाई को अपने घर पर आमंत्रित किया था।

राधाबाई जैसे ही उनके कक्ष में पहुँचीं, तो कक्ष की हर दिशा और हर वस्तु से भयंकर आवाजें आने लगीं। आवाजें कई बार सुनी गई थीं, लेकिन इस समय शोरगुल बहुत अधिक हो गया था। बिशप तो

कुछ क्षणों के लिए भौंचक्के रह गए, लेकिन फिर उनकी समझ में आ गया कि इस सबका कारण राधाबाई हैं। उसने राधाबाई से इस संबंध में अनेक प्रश्न पूछे। राधाबाई के उत्तरों से वह बहुत संतुष्ट हुए। यह वार्तालाप बिशप को इतना रोचक लगा कि वह भोजन करना ही भूल गए और लगभग तीन घंटे का समय पता ही नहीं चला।

बिशप से भेंट की एक महत्त्वपूर्ण उपलब्धि यह हुई कि उन्होंने राधाबाई को एक प्रकार का प्रमाण-पत्र दे दिया। इसके पूर्व अनेक पादरी इन चमत्कारों को शैतान का खेल कहा करते थे, लेकिन इन बिशप ने स्पष्ट शब्दों में कहा, "ये शक्तियाँ तुम्हें किसी महान् उद्देश्य की पूर्ति के लिए दी गई हैं। भगवान् करे, ये तुम्हारे लिए कष्ट का कारण न बनें। यदि तुम इन शक्तियों का दुरुपयोग करोगी तो तुमको कष्ट हो सकता है। यदि तुम विवेक से इनका उपयोग करोगी तो अनेक लोगों का कल्याण कर सकोगी। ये निश्चित रूप से सद् शक्तियाँ हैं, असद् नहीं।" बिशप के इस कथन से राधाबाई को पर्याप्त संतोष हुआ।

आर्क बिशप की चेतावनी सार्थक थी। राधाबाई अपनी अलौकिक शक्तियों के उपयोग में विशेष सावधान नहीं थीं। या तो प्रदर्शन के कारण अथवा लोगों के आग्रह को अस्वीकार न कर सकने के कारण वह अपनी शक्तियों का सदुपयोग नहीं कर पा रही थीं। संभवतः इसी असावधानी का उन्हें मूल्य चुकाना पड़ा, जो उनके लिए बहुत कष्टकारक हुआ।

राधाबाई के वक्षस्थल के हृदय-क्षेत्र में प्रायः घाव हो जाता था। इन दिनों जब वह अपने घर पर थीं, तो वह घाव उभर आया। इससे उनको भयंकर पीड़ा होने लगी। कभी-कभी तो उनको देखकर लोग यह समझते थे कि इनका प्राणांत निकट है। कष्ट या अन्य रहस्यमय कारण से वह अचेत भी हो जाती थीं। उनकी यह अवस्था देखकर उनके पिता और बहन आदि बहुत घबराए। उन्होंने निकट के कस्बे

से अच्छा डॉक्टर बुलाया। डॉक्टर जब उनके घाव की परीक्षा कर रहा था, तो उसने देखा कि केवल एक साँवला हाथ गरदन से कटि तक धीरे-धीरे घूम रहा है। इसके अतिरिक्त सब दिशाओं से तरह-तरह की विचित्र आवाजें भी आ रही हैं। डॉक्टर यह हाथ देखकर भयभीत हो गया। उसने अकेले मरीज की परीक्षा करने से इनकार कर दिया। घर के अन्य लोगों को भी पास बुला लिया। इस घाव का रहस्य डॉक्टर ठीक-ठीक नहीं समझ पाया, लेकिन यह घाव कुछ दिनों में स्वतः ठीक हो गया, केवल उसका मामूली निशान भर रह गया।

□

प्रेतात्माओं के नियंत्रण से मुक्ति और महान् गुरु के पवित्र चरणों में

परिव्राजक राधाबाई के लिए एक स्थान पर रहना और अति सामान्य मनुष्यों की तरह रहना संभव नहीं था। जैसे ही वह स्वस्थ हुईं, उन्होंने भ्रमण करना शुरू कर दिया। उन्होंने साधना और अनुसंधान करने की दृष्टि से प्रवास के लिए ऐसा स्थान चुना, जहाँ परिवार और परिचय के लोगों से कम मिलना पड़े, सुरम्य और शांत क्षेत्र हो तथा आध्यात्मिक दृष्टि से कुछ नए अनुभव प्राप्त करने की संभावना भी हो। रूस का ट्रांसकाकेसिया प्रदेश ऐसा ही था। वहाँ बड़े-बड़े पहाड़, नदियाँ, घने जंगल तथा आधुनिक सभ्यता से अप्रभावित आदिवासी लोग थे। इन आदिवासियों में कुछ अच्छे तांत्रिक भी रहते थे। वहाँ थोड़े से संपन्न भू-स्वामी थे और अधिकांश निर्धन किसान थे।

राधाबाई ने कुछ समय यहाँ रहना ठीक समझा। यहाँ आकर उन्होंने संपन्न और तथाकथित भद्र समाज से कोई विशेष संबंध नहीं रखा। अधिकांशत: घोड़े पर सवार होकर गरीबों की बस्ती और आदिवासियों के बीच चली जाती थीं। इन लोगों में उन्हें अलौकिक शक्तियों से संपन्न भविष्यवक्ता, तांत्रिक आदि मिलते थे। इनसे मिलकर वह गुप्त विद्याओं का रहस्य जानने का प्रयत्न करती थीं।

अलौकिक शक्ति का जनहित में उपयोग

इस क्षेत्र के भद्र समाज के लिए यह अनोखी बात थी कि किसी सामंती परिवार की युवा लड़की पिछड़े, अपढ़ और असभ्य लोगों के बीच में घुल-मिलकर रहे। अतः वे राधाबाई के इस काम को ठीक नहीं समझते थे। लेकिन जब उनको यह ज्ञात हुआ कि यह महिला अलौकिक शक्तियों से संपन्न है, आत्माओं से संपर्क स्थापित कर सकती है, दुष्ट आत्माओं के प्रभाव को दूर कर सकती है तथा लोगों की अन्य व्यक्तिगत समस्याओं का समाधान कर सकती है तो उन भद्र लोगों को भी राधाबाई से मिलने की विशेष उत्सुकता जाग्रत् हो गई। यद्यपि वह इस क्षेत्र को शांत और एकांत समझकर आई थीं, किंतु यहाँ भी लोग उनको घेरने लगे।

यहाँ राधाबाई ने अदृश्य शक्तियों के उपयोग का नया तरीका निकाला। वह शांत होकर बैठ जातीं, हाथ में एक कलम ले लेती थीं और हाथ के नीचे एक कागज रख लेतीं। वह स्वयं लिखने का कोई प्रयत्न नहीं करती थीं। जब कोई किसी प्रकार का प्रश्न करता था, तो उसका उत्तर लिखने के लिए कलम स्वयं चलने लगता था और उत्तर लिख जाता था। ये उत्तर बहुत कम अशुद्ध और अस्पष्ट होते थे। सदोद्देश्य लेकर आनेवाले किसी व्यक्ति को निराश नहीं करती थीं। उनके इस प्रयास से बहुत लोगों का कल्याण तथा कष्ट-निवारण हो रहा था।

राधाबाई के पास आनेवालों में ऐसे लोग भी होते थे, जो दूसरों को क्षति पहुँचाने के लिए उनकी शक्तियों का उपयोग करना चाहते थे तथा इसके लिए वह अच्छी धनराशि देने को तैयार रहते थे। यद्यपि राधाबाई के पास उस समय धन का अभाव था। लेकिन वह प्रलोभन में कभी नहीं फँसीं। इतना ही नहीं, वह संपन्न व्यक्तियों की तुलना में गरीबों और किसानों की समस्याओं के समाधान में बहुत रुचि लेती थीं। इससे अनेक संपन्न लोग उनके विरोधी हो गए थे।

रहस्यपूर्ण अस्वस्थता

यहाँ एक दिन राधाबाई अस्वस्थ हो गईं। साधारण बुखार था, लेकिन वह खाती कुछ नहीं थीं। बहुत थोड़ा पानी पी लेती थीं। वह दिन-रात अर्ध-चेतनावस्था में रहती थीं। डॉक्टर लोग रोग समझ नहीं पा रहे थे।

वस्तुतः यह एक प्रकार की आध्यात्मिक अस्वस्थता थी। राधाबाई ने ठीक हो जाने के बाद बताया था कि उसके शरीर पर किसी बड़ी अलौकिक शक्ति की क्रिया हो रही थी। जब उन्हें कोई आवाज देकर बुलाता था, तो उन्हें बोध होता कि वह राधाबाई या एच.पी. ब्लावतस्की हैं, लेकिन जैसे ही वह अकेली होतीं और आँखें बंद कर लेतीं तो उनका व्यक्तित्व ही पूर्ण रूप से भिन्न हो जाता था तथा वे दूसरे देश और काल में चली जाती थीं। जो कुछ इस दूसरी स्थिति में सुनतीं, देखतीं या समझती थीं, उसकी स्मृति उनको बनी रहती थी।

चूँकि यह कोई भौतिक रोग नहीं था, बल्कि आध्यात्मिक अवस्था ही थी, अतः डॉक्टर कुछ समझ नहीं पाए। उसने इतना ही समझा कि रोगी की हालत दिन-प्रतिदिन गिरती जा रही है। अतः उनको नाना के घर भिजवा देने की व्यवस्था कर दी गई। यात्रा नाव द्वारा होनी थी; क्योंकि घोड़ा-गाड़ी में, मार्ग ऊबड़-खाबड़ होने के कारण, रोगी को बहुत कष्ट हो सकता था।

राधाबाई अपरिचित क्षेत्र में अस्वस्थ हुई थीं। वहाँ उनके परिवार का कोई सदस्य या मित्र नहीं था। अर्ध-चेतना की अवस्था में ही उनको नाव में लिटाकर भेज दिया गया। उनको ले जानेवाले कुछ मल्लाह ही थे।

प्रेतात्माओं से मुक्ति

पहली रात को विचित्र घटना हुई, जिसे देखकर नाव खेनेवाले कर्मचारी बहुत भयभीत हो गए। उन्होंने देखा, जिस मरणासन्न स्त्री को वे लिये जा रहे थे, वही नाव से उठकर पानी पर बिना डूबे चलकर जंगल में चली गई। यह किसी एक नाविक का दृष्टिभ्रम नहीं था, बल्कि सबने

स्पष्ट रूप से अपनी खुली आँखों से देखा था। लेकिन रोगी का शरीर नाव में भी पड़ा था। उन्होंने किसी प्रकार भयभीत अवस्था में रात काटी। दूसरी रात फिर इसी घटना की पुनरावृत्ति हुई। इस बार तो नाविक इतने भयभीत हो गए कि नाव छोड़कर भाग जाने को तैयार हो गए, लेकिन उनका मुखिया साहसी और जिम्मेदार था। उसने उनको समझा-बुझाकर रोक लिया। वे लोग शायद इसलिए रुक भी गए कि इस घटना में कोई उपद्रव नहीं होता था और न किसी को कोई क्षति होती थी। तीसरी रात में पिछली दो रातों की अपेक्षा अधिक डरावनी घटना हुई। उस रात दो विशाल छाया आकृतियाँ निकलकर नदी पर चलते हुए जंगल में चली गईं, जबकि राधाबाई उसी नाव में पड़ी थीं। इस बार तो अंदर से नाविकों का मुखिया भी बुरी तरह से आतंकित हो गया, परंतु उसने अपने साथियों के समक्ष निर्भीक होने का परिचय दिया तथा सबको नियंत्रित रखा और किसी प्रकार गंतव्य तक रोगिणी को पहुँचा दिया। वहाँ से कुछ लोग उन्हें नाना के घर ले गए। वहाँ पहुँचकर वह कुछ दिनों में स्वस्थ हो गईं।

बाद में राधाबाई ने बताया कि कुछ प्रेतात्माओं ने उनकी इच्छा के विरुद्ध उनके शरीर को माध्यम बना लिया था। वे आत्माएँ पूर्ण रूप में उनके नियंत्रण में नहीं थीं। वे समय-समय पर मनमानी करने लगती थीं तथा शरीर को कष्ट भी पहुँचाती थीं। राधाबाई ने एक पत्र में लिखा था कि वह अवांछनीय असद् आत्माओं और शक्तियों के प्रभाव से अब मुक्त होकर पूर्ण स्वच्छ और शुद्ध हो गई हैं। इस शुद्धि के संबंध में उन्होंने कहा था, "मैं जीवन के प्रत्येक घंटे में उन लोगों के प्रति शुभकामना व्यक्त करती हूँ, जिनके कारण असद् आत्माओं से मुक्त हो सकी।" स्पष्ट रूप से कहीं नहीं लिखा गया कि यह संकेत किन लोगों की ओर है। संभवत: यह संकेत उन्होंने अपने तिब्बती रक्षक की ओर किया है।

राधाबाई ने स्वयं लिखा कि इस शुद्धि के पूर्व और शुद्धि के बाद उनमें आकाश-पाताल का अंतर आ गया। पहले असद् आत्माओं और

असद् विद्या का प्रभाव था, लेकिन इस शुद्धि की प्रक्रिया के बाद उनकी साधना शुद्ध और सात्त्विक हो गई। अब वह योग और अध्यात्म के पवित्र मार्ग की ओर उन्मुख होने में सक्षम हो गईं तथा वह विरोधी शक्तियों को नियंत्रित करने योग्य हो गईं।

गुरु का आदेश और आकाश-मार्ग से तिब्बत की यात्रा

राधाबाई स्वस्थ होने के बाद पुनः भ्रमण के लिए निकल पड़ी थीं। विश्व के कई देशों की यात्रा करके वह रूस आईं। उनकी जन्मभूमि की यह यात्रा विशेष कार्य से थी। इस समय तक उनको घर-परिवार का कोई विशेष मोह नहीं रहा था। एक प्रकार से पूर्ण वैराग्य का जीवन व्यतीत करने लगीं तथा ब्रह्मविद्या के प्रचार-प्रसार के लिए अपने को तैयार कर रही थीं। राधाबाई ने सन् 1868 में फिर भ्रमण के लिए प्रस्थान किया। इसी वर्ष किसी समय उनके हिंदू रक्षक या गुरु का पत्र प्राप्त हुआ, जिसमें आदेश दिया गया था कि वह सर्बियन पर्वतों पर तब तक प्रतीक्षा करें, जब तक उन्हें कॉन्स्टेंटीनेपल पहुँचने का आदेश प्राप्त न हो जाए। यह राधाबई के लिए बहुत सुखद समाचार था। उन्हें इस पत्र से ऐसा आभास मिल रहा था कि उनके लिए कोई निश्चित कार्यक्रम अवश्य बन गया है तथा अब शायद भटकाव का अंत होगा।

अब तक राधाबाई संसार के विभिन्न देशों के कई-कई चक्कर लगा चुकी थीं। जिस देश और जिस स्थान में उन्हें योगी या तांत्रिक का पता चलता था, वह कोई भी कष्ट उठाकर वहाँ अवश्य पहुँचने का प्रयास करती थीं तथा उसकी विद्या को जानने-समझने की चेष्टा करती थीं। इस संबंध में उनका ज्ञान और अनुभव असाधारण हो चुका धा। फिर भी उनको संतोष नहीं था, क्योंकि भारतीय ब्रह्मविद्या या योगविद्या के संबंध में जो कुछ पढ़ा था, जो सुना था तथा भारत भ्रमण या अपने हिंदू रक्षक के संपर्क से जो अनुभव किया था, उससे उनको प्रतीत हो रहा था कि संसार में यही ज्ञान सर्वोपरि, स्वच्छ और मानवता के लिए कल्याणकारी

है। अत: अब वह भारतीय योगी से दीक्षा प्राप्त करने की स्थिति में थीं।

भारत के योग-शिक्षकों की यह परंपरा रही है कि वे किसी व्यक्ति को अपना शिष्य कठोर परीक्षा के बाद ही बनाते थे। राधाबाई जब लंदन में पहली बार अपने हिंदू रक्षक से मिली थीं, उस समय से अब तक लगभग चौदह वर्ष व्यतीत हो चुके थे। इस अवधि में वह संयम, लक्ष्य के प्रति अनन्य निष्ठा, निर्भीकता, कष्ट सहने की असीम क्षमता, सांसारिक प्रलोभनों के प्रति उदासीनता आदि साधना के आदर्श गुणों का अच्छा परिचय दे चुकी थीं। इसलिए उनके हिंदू रक्षक और भावी गुरु ने उन्हें कॉन्स्टेंटीनेपल पहुँचने का आदेश दिया था।

राधाबाई के जीवन का स्वर्णिम अवसर आया। यथा समय उनका उनके भावी योगगुरु, अर्थात् हिंदू रक्षक से मिलन हुआ। इसके बाद वह तिब्बत पहुँच गई। उनकी इन भारतीय योगी से किस तिथि को भेंट हुई, वह तिब्बत स्थित दुर्गम स्थान में कैसे पहुँच गई, इन सब बातों का विस्तृत विवरण उपलब्ध नहीं है। कुछ रहस्यात्मक संकेत अवश्य मिलते हैं, जिनसे यह विश्वास होता है कि राधाबाई की यह यात्रा साधारण मनुष्यों की तरह नहीं हुई थी। उनके हिंदू रक्षक में यह विलक्षण क्षमता थी कि वह जब राधाबाई से मिलना चाहते थे, तो दुनिया के किसी भी स्थान में अचानक प्रकट हो जाते थे। निश्चित ही उनमें आकाशगमन की क्षमता थी। योगी केवल स्वयं आकाश-मार्ग से नहीं चल पाते, अपितु दूसरों को भी इस प्रकार से ले जा सकते हैं। इसके बहुत पुष्ट प्रमाण मिलते हैं। इस संबंध में सबसे प्रसिद्ध उदाहरण महान् मनीषी पं. गोपीनाथ कविराज के गुरु श्री विशुद्धानंदजी का है। विशुद्धानंदजी के गुरु उनको कलकत्ता से तिब्बत आकाश-मार्ग से ही ले गए थे। इस यात्रा का विस्तृत विवरण कविराजजी ने उनके जीवन-चरित में लिखा है। राधाबाई के गुरु महान् और परम सिद्ध योगी थे। अत: निश्चित ही उनको अपने योगबल से आकाश-मार्ग से ले गए।

जीवन का सर्वाधिक सुखद अनुभव : गुरु-दीक्षा

राधाबाई ने तिब्बत स्थित योगाश्रम और उसके सुरम्य परिवेश का काव्यात्मक वर्णन किया है। आश्रम के एक कक्ष के एक वातायन से पर्वतों के हिममंडित रजत शिखरों, सरिताओं का कलकल निनाद, शस्य श्यामल वसुंधरा, विविध वर्णी पक्षियों का सुमधुर संगीत, गोचरों में विचरण करती गायों के गले में बँधी घंटियों की ध्वनियों और अखंड शांति के साम्राज्य को देख या सुनकर उनको ऐसा अनुभव हो रहा था कि निश्चित ही यह स्थली संसार में सर्वाधिक सुरम्य, सुखद और सुंदर है, अलौकिक रहस्यात्मक तत्त्व से संचारित है, अवर्णनीय दिव्य आभा से आपूरित है। दीर्घकाल से वह भटक रही थीं ऐसे ही स्थान की खोज में, जहाँ भौतिकता की ज्वाला से दग्ध उनके तन-मन और बुद्धि को वास्तविक शांति मिल सके, जहाँ उदात्त साधना के लिए सुअवसर प्राप्त हो सके, जहाँ जगत्-नियंता की रहस्यात्मक सत्ता की प्रत्यक्ष अनुभूति हो सके। उनके जीवन की यह उत्कट आकांक्षा पूरी हुई थी, लेकिन विश्वास नहीं हो रहा था। वह सब प्रकार से आश्वस्त होना चाहती थीं कि जो कुछ वह देख रही हैं, सब सत्य है, स्वप्न तो नहीं। कभी-कभी उनको आशंका होती थी कि वह अपने मांस-मज्जायुक्त शरीर से इस अखंड आनंद के लोक में उपस्थित हैं अथवा अन्य अवसरों की तरह अपने सूक्ष्म-शरीर से यहाँ वर्तमान हैं। इस भ्रम के निवारण के लिए वह अपने शरीर में चिकोटी काटकर देखती थीं।

आप सहज ही अनुमान लगा सकते हैं कि उस साहसी महिला ने संसार का कोना-कोना कई बार छान डाला था, लेकिन उसे हिमालय का एक भूखंड इतना अधिक सम्मोहित क्यों कर रहा था, इतना मंत्रमुग्ध सा क्यों कर रहा था तथा इतना आह्लादित क्यों कर रहा था? इसका कारण यह था कि हिमालय सृष्टि के आदिकाल से परिशुद्ध प्राकृतिक क्षेत्र रहा और वहाँ का वातावरण सांसारिक मनुष्यों के छल-छंदों, वासनात्मक

व्यापारों, कुत्सित विचारों, नगरीय जीवन के अनाचारों से दूषित नहीं हुआ है। वहाँ के परिवेश को देवताओं, ऋषियों, मुनियों, साधकों ने अपनी पुनीत भावनाओं और आध्यात्मिक क्रियाकलापों के द्वारा दिव्य आलोक से संपृक्त कर रखा था। राधाबाई को यहाँ भ्रमण-मनोरंजन के लिए नहीं लाया गया था, बल्कि उन्हें विश्व की मानवता को अभिनव आध्यात्मिक संदेश देने, भारत का पुनरुद्धार करने तथा भारतीय ब्रह्मविद्या का उद्घोषक बनाने के लिए सक्षम बनाना था, उनके व्यक्तित्व को पूर्ण रूप से रूपांतरित करना था, उनमें अलौकिक शक्तियों का संचार करना था, उनकी बुद्धि और आत्मा का परिष्कार करना था। यहाँ उन्हें कठोर योग-साधना करनी थी, गंभीर अध्ययन करना था तथा सिद्धि की ओर अग्रसर होना था।

राधाबाई का गुरु-आश्रम तिब्बत के शिगात्जे नगर के आसपास था। यहाँ एक सिद्ध पुरुष, जिसका संक्षिप्त नाम के.एच. था, रहते थे। साथ में उनकी बहन और बच्चे रहते थे। उसके अतिरिक्त उनके जन्मकाल से ही संबंधित अलौकिक हिंदू रक्षक अर्थात् परम गुरुदेव भी रहते थे। संभवत: राधाबाई के महिला होने के कारण के.एच. की बहन को यहाँ रखा गया था। उन्होंने अपने गुरु को मास्टर मौर्य या 'महात्मा मौर्य' कहा है। राधाबाई को अपने गुरु के ज्ञान पर असीम आस्था थी, उनकी अलौकिक शक्तियों पर अटल विश्वास था, उनके चरित्र पर निश्चल निष्ठा थी। अत: इस प्रवास में उनका सान्निध्य प्राप्त होने के कारण इन्हें अतुलनीय आंतरिक आह्लाद था।

□

सिद्ध गुरु की अनंत कृपा के प्रमाण

राधाबाई ने यहाँ रहकर उच्चकोटि का योगाभ्यास किया, अनुपलब्ध आध्यात्मिक ग्रंथों का अनुशीलन किया, गुरुमुख से व्यावहारिक विषयों का ज्ञान प्राप्त किया। कुछ ज्ञान वह अपने पुरुषार्थ से अर्जित कर रही थीं, लेकिन अधिकांश ज्ञान उनके शक्तिशाली गुरु अपने योगबल से उनमें संचारित कर रहे थे।

यौगिक पद्धति से ज्ञान का संचार

इस संदर्भ में राधाबाई ने एक विलक्षण घटना का उल्लेख किया था। रूसी होने के कारण राधाबाई की अंग्रेजी बहुत परिष्कृत नहीं थी। इंग्लैंड, अमेरिका आदि में कभी-कभी उनके अंग्रेजी ज्ञान और उच्चारण के लिए कुछ लोग हँसते थे। यह तथ्य उनके गुरु से छिपा नहीं था। गुरुदेव अपनी दृष्टि से देख रहे थे कि इस महिला को भविष्य में सैकड़ों लेख और दर्जनों ग्रंथ लिखने हैं तथा विश्व के विभिन्न भागों में प्रबुद्ध जनता के समक्ष भाषण देने हैं। उस समय अंग्रेजी ही विश्व की जनता से तथा बुद्धिवादियों से संपर्क और संचार का सुविधाजनक माध्यम थी। अतः राधाबाई का अंग्रेजी भाषा का ज्ञान और उच्चारण अच्छा होना आवश्यक था। आश्रम के एक महात्मा महाशय के.एच. की शिक्षा किसी यूरोपीय विश्वविद्यालय में हुई थी। वह कई भाषाओं के अधिकारी विद्वान् थे। अतः उन्होंने राधाबाई को अपनी अंग्रेजी सुधारने का आदेश दिया।

इसके लिए उनसे अंग्रेजी में बात करने और अंग्रेजी में लिखने को कहा। इस दिशा में राधाबाई ने अत्यंत गंभीरता से प्रयास किया, लेकिन योगी के.एच. महोदय की इच्छा के अनुरूप उन्हें सफलता नहीं मिल सकी। अत: के.एच. महोदय ने योगबल से उनके अंग्रेजी ज्ञान को समृद्ध करने का निश्चय किया।

एक दिन योगी के.एच. महोदय ने राधाबाई से कहा, "तुम मेरे आज्ञाचक्र पर अपना हाथ रखो तथा जो भी मेरा अंग्रेजी ज्ञान है, उसे ग्रहण करने का प्रयास करो।" जैसे ही राधाबाई ने ऐसा किया, उनके शरीर में हलका दर्द होने लगा तथा शरीर में शीतलहर सी दौड़ने लगी। लगभग दो महीने तक यह ज्ञान-संचार की क्रिया होती रही। फलत: राधाबाई को अपना अंग्रेजी ज्ञान सुधारने में असाधारण सफलता मिली।

तिब्बत के लामाओं में ब्रह्मविद्या की अति प्राचीन परंपरा रही है। उनके मठों में योग, तंत्र आदि की दुर्लभ पांडुलिपियाँ सुरक्षित रहती थीं। लामा लोग अपने इस ज्ञान को बहुत ही गुप्त रखते थे। ये इसे किसी अभारतीय व्यक्ति तक पहुँचाना अनुचित समझते थे। निस्संदेह, लामाओं में महान् सिद्ध-योगियों की बहुत पुरानी परंपरा थी।

मठों में लामाओं का इतना कठोर अनुशासन था कि जब राधाबाई तिब्बत पहुँची थीं, उस समय तक कोई यूरोपवासी इन मठों में प्रवेश नहीं पा सका था। लेकिन इनके महान् गुरुदेव की विशेष कृपा से इन्हें इन अगम्य लामा मठों में भी प्रवेश मिल गया। वहाँ उन्होंने सिद्धों का दुर्लभ व्यावहारिक और सैद्धांतिक ज्ञान प्राप्त किया।

राधाबाई का इस प्रवास का जीवन इतना शांत, सुखद और सक्रिय था कि दिन, सप्ताह और वर्ष व्यतीत होते गए; लेकिन उन्हें समय का पता ही नहीं चला। वह सन् 1868 के किसी महीने में यहाँ आई थीं और अब नवंबर 1870 आ चुका था। उनके गुरुदेव के अनुसार उनकी ब्रह्मविद्या, योग, तंत्र, अंग्रेजी भाषा आदि की शिक्षा अब पर्याप्त हो चुकी

थी। अब वह अपने अलौकिक गुरु के महान् संदेश को विश्व के समक्ष प्रस्तुत करने में सक्षम हो चुकी थीं। उनको इस कार्य के लिए अपने गुरु तथा उनके अन्य सहयोगी सिद्ध पुरुषों का प्रतिक्षण संरक्षण और दिशा-निर्देशन प्राप्त होते रहने का पूर्ण आश्वासन प्राप्त हो चुका था। उनको यह ज्ञात हो चुका था कि वह संसार के किसी कोने में रहें, लेकिन उनके गुरु तिब्बत में रहते हुए भी क्षण भर में उनको देख लेंगे, उनके मन की बात समझ लेंगे, अपना संदेश दे देंगे, विशेष आवश्यकता पड़ने पर सब प्रकार की सहायता कर देंगे तथा संकटों से प्राणों की रक्षा कर देंगे।

इसका आशय यह नहीं है कि वह सिद्ध-महापुरुषों की माध्यम मात्र थीं। उनमें अपनी अर्जित कोई क्षमता नहीं थी। निश्चित ही उनके गुरु ने उनको भी पर्याप्त सशक्त, सक्षम और समर्थ योगिनी बना दिया था। वह भी तिब्बतवासी अलौकिक महापुरुषों के सिद्ध-मंडल की मान्य सदस्या हो चुकी थीं। विशेष कारणों से राधाबाई को ही अलौकिक ज्ञान के प्रचार-प्रसार के लिए संसार में सक्रिय होना था। अब उनकी जीवन-पुस्तक का एक स्वर्णिम अध्याय समाप्त हो रहा था तथा नूतन, जाज्वल्यमान, चमत्कारी अध्याय का शुभारंभ होनेवाला था।

कुछ क्षणों में हजारों मील दूर संदेश-संप्रेषण

राधाबाई ने पाँच वर्षों से अपने परिवार के लोगों या संबंधियों को कोई पत्र नहीं लिखा था, न किसी को अपने संबंध में कोई सूचना दी थी। यह उनका गंभीर साधना का काल था। यदि वह परिवार के लोगों को सूचना देतीं तो उनकी साधना में बाधा पड़ती। लोग यह ठीक से समझ नहीं सकते थे कि वह क्या कर रही हैं, बल्कि तरह-तरह की शिक्षाएँ देते और पथ से विचलित करने का प्रयास करते। इसके अतिरिक्त परिवार के लोगों के सुख-दुःख के समाचार आते तो वह स्वयं उद्विग्न हो सकती थीं, इसलिए उन्होंने इस अवधि में अपने को संसार से पूर्ण पृथक् रखा था। इधर उनके परिवार के लोगों ने राधाबाई का समाचार जानने का

बहुत प्रयास किया, किंतु उन्हें सफलता नहीं मिली। वर्षों से कोई सूचना-समाचार न पाने पर उन लोगों ने मान लिया कि वह शायद अब जीवित नहीं हैं।

एक दिन राधाबाई के नाना के परिवार में विचित्र घटना हुई। किसी व्यक्ति ने दरवाजे पर घंटी बजाई। घर में उनकी मौसी रहती थी, वह निकलकर बाहर आई। उन्होंने दरवाजे पर एक हिंदुस्तानी को खड़ा पाया। उसने उनको एक पत्र दिया। पत्र देते ही वह आदमी उनकी आँखों के सामने ही गायब हो गया। यह बड़ी आश्चर्यजनक घटना थी। लेकिन आनंद की बात यह थी कि वह पत्र किसी के.एच. महोदय का था, जिसमें यह लिखा गया था, "मदाम एच. ब्लावतस्की (यानी राधाबाई) के संबंधियों को किसी प्रकार से दुःखी होने की आवश्यकता नहीं है। उनकी पुत्री या भतीजी दिवंगत नहीं हुई है। वह जीवित है तथा जिनको वह प्यार करती है, उन्हें सूचित करने को इच्छुक है कि उसने अपने प्रवास के लिए बहुत दूर और अपरिचित स्थान को चुना है, जहाँ वह पूर्ण रूप से स्वस्थ और सुखी है। पहले वह अस्वस्थ हुई थी, लेकिन अब ठीक है। भगवान् बुद्ध के संरक्षण में उसे ऐसे निष्ठावान मित्र मिल गए हैं, जो उसकी शारीरिक और आध्यात्मिक दृष्टि से सुरक्षा करते हैं। अतः उसके परिवार की महिलाओं को शांत रहना चाहिए। अठारह पूर्णिमाओं के पूर्व ही वह अपने परिवार में पहुँच जाएगी।"

यह पत्र राधाबाई के संबंधियों के लिए बहुत बड़े संतोष का विषय था, लेकिन पत्र से न तो यह ज्ञात होता था कि वह कहाँ से आया है अथवा किस साधन से आया है। पत्र लानेवाला रूसी नहीं था, हिंदुस्तानी था। उसका तुरंत गायब होना एक रहस्यपूर्ण बात थी। लिफाफे पर केवल राधाबाई की मौसी का नाम और शहर का नाम लिखा था। मौसी को आश्चर्य था कि केवल इतने पते से एक हिंदुस्तानी व्यक्ति ठीक स्थान पर पत्र कैसे दे गया। यदि वह हिंदुस्तान से पत्र लेकर आया था तो दस-पाँच

मिनट रुका क्यों नहीं? यह घटना 7 नवंबर, 1870 की है।

इससे भी अधिक आश्चर्य की बात यह थी कि जिस समय यह पत्र रूस में राधाबाई की मौसी को दिया गया था, उसी दिन कुछ समय पूर्व यही तिब्बत में राधाबाई के सामने लिखा गया था। 7 नवंबर, 1870 को राधाबाई अपने गुरु-आश्रम से जिस समय विदा ले रही थीं, उसी समय यह पत्र उनकी मौसी को दिया जा रहा था। सौ-सवा सौ वर्ष पूर्व तिब्बत ऐसा स्थान था, जो रेल, मोटर, तार, टेलीफोन, वायुयान सेवा, आदि से संबंधित नहीं था। वहाँ से मानवी साधनों द्वारा पत्राचार करने में महीनों लगते थे, लेकिन यह पत्र उसी दिन कुछ ही क्षणों में पहुँच गया था। इस पत्र की एक और विशेषता थी कि पत्र-लेखक ने राधाबाई के परिवारवालों की यह भ्रामक धारणा कैसे जान ली थी कि राधाबाई को उन लोगों ने मृत मान लिया है और दुःखी हैं। इस पत्र में अठारह पूर्णिमाओं के पूर्व ही पहुँचने की बात कही गई थी, जो बाद में पूर्ण सत्य निकली थी। राधाबाई ठीक इसी निर्दिष्ट समय में ही अपने घर पहुँच सकी थीं। कैसे समर्थ, कैसे शक्तिवान, कैसे देश और काल के अवरोधों से मुक्त महापुरुष थे राधाबाई के परमगुरु और उनके सहयोगी!

लगभग तीन वर्ष के अपूर्व, आनंदप्रद और दिव्य वातावरण से राधाबाई के पृथक् होने का अवसर आ गया था। पुनीत आश्रम के शिक्षक, शिष्य और अन्य लोग भावभीनी विदाई देने के लिए खड़े थे। इतने दिनों के प्रवास और नैकट्य से दोनों पक्षों में एक-दूसरे के प्रति स्नेह और सम्मान के भाव विकसित हो चुके थे, दोनों पक्ष अलौकिक सूत्रों से परस्पर जुड़ चुके थे और दोनों को एक-दूसरे का पृथक्करण किंचित् पीड़ादायक प्रतीत हो रहा था।

इस अवसर पर राधाबाई के गुरुदेव मौर्य महाशय उनको तिब्बत के बाहर तक विदा करने गए थे। इस प्रिय, मेधावी और निष्ठावान शिष्या का भविष्य, उसकी भावी उपलब्धियाँ और कठोर संघर्ष त्रिकालज्ञ गुरु

की आँखों के समक्ष प्रत्यक्ष था। उनको विश्वास था कि जिस शिष्या को उन्होंने बाल्यावस्था से लेकर इस अवस्था तक संरक्षण देकर विकसित किया है, वह निश्चित ही भारतीय संस्कृति, योग तथा अध्यात्म की अदम्य संदेशवाहिका बनेगी। उनको अपने अभिनव रचनात्मक कार्य से परितोष हो रहा था। राधाबाई भी महान् गुरु की आदर्श शिष्या बनने का अटूट संकल्प लेकर यूरोप को प्रस्थान कर रही थीं।

राधाबाई का संपूर्ण जीवन अवरोधों, अवसादों और अलौकिकताओं की गाथा है। उनका कोई कार्य सहज और सरल ढंग से नहीं संपन्न हुआ। पराक्रमी योद्धा की तरह वह क्षण-क्षण संघर्ष करके सफलता के पथ पर अग्रसर हो सकी थीं। परमात्मा और उनके गुरुदेव ने कठोर परीक्षाओं के माध्यम से उनके अप्रतिम व्यक्तित्व का निर्माण किया था, संसार की आसुरी शक्तियों से संघर्ष करने के लिए उन्हें साहस प्रदान किया था तथा विषम-से-विषम परिस्थिति में धैर्य धारण की क्षमता से युक्त किया था।

उन्होंने तिब्बत में तीन वर्ष तक अपूर्व शांति और स्वर्गीय आनंद का जीवन व्यतीत किया था, लेकिन तिब्बत से बाहर आते ही संघर्षों का जीवन प्रारंभ हो गया।

संकटों का सामना

दिसंबर 1870 में राधाबाई ने साइप्रस और यूनान की यात्रा की। 4 जुलाई, 1871 को उन्होंने पानी के जहाज से मिस्र को प्रस्थान किया। उसमें अस्त्र-शस्त्र और बारूद लदा था। राधाबाई के जहाज में भयंकर धमाका हुआ और जहाज का एक भाग क्षत-विक्षत हो गया। अनेक लोग तत्काल मारे गए तथा अनेक बुरी तरह घायल हो गए। राधाबाई का सामान और रुपया इस विस्फोट में नष्ट हो गया, किंतु वह स्वयं बच गईं। इस स्थान के निकट ग्रीक सरकार का क्षेत्र पड़ता था, अतः उसने बचे हुए लोगों को गंतव्य तक पहुँचाने की व्यवस्था की। इस प्रकार उनकी नई

यात्रा का आरंभ एक विस्फोट से हुआ।

राधाबाई इस विपन्न अवस्था में मिस्र पहुँचीं। उनके पास धन का अभाव था, अत: एक प्रतियोगिता में भाग लेकर कुछ धन अर्जित किया। वह कैरो नगर के एक होटल में जाकर ठहरीं। यहाँ एक महिला से इनका परिचय हो गया, जिसने इनको स्वेच्छा से कुछ ऋण दे दिया। वहाँ उन्होंने कुछ चमत्कार दिखा दिया, जिससे वह पर्याप्त चर्चा का विषय बन गईं। कुछ लोगों ने विवाद भी उठा दिए, लेकिन अनेक भक्त भी बन गए।

मिस्र की परिस्थितियों का ठीक अनुमान न लगा सकने के कारण उनसे एक भूल हो गई। उन्होंने आत्माओं के संबंध में खोज करने के लिए एक संस्था स्थापित कर दी। इसके लिए उपयुक्त माध्यमों की आवश्यकता होती है, जिनके द्वारा आत्माओं को बुलाया जा सके। जब उनको उपयुक्त माध्यम नहीं मिले तो यहाँ जो लोग मिले, उन्हें ही माध्यम बना लिया। इनमें अनेक धोखेबाज और ठग निकल गए। वे जनता को बेवकूफ बनाकर पैसा ऐंठने लगे। इससे राधाबाई की बदनामी होने लगी। यहाँ तक कि उनकी जान जाने तक का भय हो गया। अत: उन्हें इस संस्था को तुरंत बंद करना पड़ा।

इसके बाद एक नई मुसीबत आ खड़ी हुई। राधाबाई तथा उनके परिवार का एक परिचित व्यक्ति कैरो में उनके यहाँ आ गया। वह रूसी कैथोलिक चर्च का विरोधी और क्रांतिकारी समझा जाता था। राधाबाई ने उससे कह दिया था कि वह अधिक घूमे-फिरे नहीं, क्योंकि उसके मारे जाने की आशंका है। उसने इस चेतावनी पर ध्यान नहीं दिया। वह दूसरे शहर चला गया, जहाँ वह बुरी तरह से बीमार पड़ गया। जब राधाबाई को उसकी अस्वस्थता का समाचार मिला तो वे तुरंत वहाँ गईं। उन्होंने उसकी पूरी देखभाल की, लेकिन वह मर गया। वह चर्च-विरोधी था, अत: उसे किसी ईसाई कब्रिस्तान में दफनाने की अनुमति नहीं मिली। अत: उन्होंने उसे स्वयं अन्य दो व्यक्तियों की सहायता से समुद्र के

किनारे दफना दिया। उन्होंने तो मानवता तथा पूर्व परिचय के नाते यह सब किया था, लेकिन मिस्र में स्थित रूसी राजदूतावास के अधिकारी राधाबाई से अप्रसन्न हो गए और उनको कड़ी चेतावनी दी।

मिस्र-प्रवास में राधाबाई को एक के बाद एक मुसीबतों का सामना करना पड़ रहा था। शायद उनके मार्ग-निर्देशक नहीं चाहते थे कि वह मिस्र में अधिक दिन रहें। इधर उनके परिवार के लोग आतुरता से उनकी प्रतीक्षा कर रहे थे। अतः उन्होंने फिलस्तीन, सीरिया, लेबनान होते हुए 1872 के मध्य में रूस की ओर प्रस्थान किया, जब वह रूस पहुँचीं तो यह वही समय था, जो तिब्बत के योगी के.एच. महोदय ने अपने अलौकिक रीति से भेजे गए पत्र में पहले ही घोषित कर दिया था, अर्थात् अठारह पूर्णिमाओं के बाद का समय था।

राधाबाई की यह रूस अर्थात् जन्मभूमि की अंतिम यात्रा थी। इस बार वह लगभग ग्यारह महीने यहाँ रहीं। सन् 1873 के किसी महीने में उन्हें अपने गुरुदेव का एक पत्र मिला, जिसमें उन्हें पेरिस पहुँचने का निर्देश दिया गया था। अतः उन्हें कई महीने पेरिस में रहना पड़ा। इस अवधि में राधाबाई अधिक अंतर्मुखी रहीं। वह अधिकांशतः लिखने या चित्रकारी करने में संलग्न रहती थीं।

अमेरिका प्रवास और गुरु द्वारा अलौकिक सहायता

जून 1873 में राधाबाई को अपने गुरुदेव मौर्य महाशय का एक पत्र प्राप्त हुआ, जिसके अनुसार उन्हें अविलंब अमेरिका के लिए प्रस्थान करना था। अतः वह पानी के जहाज से चल पड़ीं। जुलाई 1873 के मध्य में वह न्यूयॉर्क पहुँच गईं।

राधाबाई के पास धन का अभाव था। अतः वह अच्छे होटल आदि में रह नहीं सकती थीं। किसी से ज्ञात हुआ कि न्यूयॉर्क में एक ऐसा होटल है, जिसमें चालीस स्त्रियाँ एक साथ सहकारिता के आधार पर रहती हैं। उसी में वह भी रहने लगीं। जीविका के लिए उन्होंने चित्रकला

का उपयोग किया, जिससे कुछ आय होने लगी। इसी समय उनका एक फ्रांसीसी विधवा स्त्री से परिचय हो गया, जो उनके ज्ञान, अनुभव और अलौकिक शक्तियों से विशेष प्रभावित थी। वह पर्याप्त समृद्ध थी तथा उसका अपना घर था, जहाँ वह अकेले रहती थी। वह उनके आर्थिक संकट को देखकर उन्हें अपने साथ आग्रह करके ले गई।

जुलाई 1873 के प्रारंभ में रूस में राधाबाई के पिता का देहांत हो गया था। उनके पिता उनका विशेष ध्यान रखते थे। जब कहीं उनका ठीक पता चल जाता था, तो वह अपनी पुत्री के लिए धन भेज देते थे। इस बार रूस से प्रस्थान करने के बाद कोई समाचार नहीं मिला था। राधाबाई ने न्यूयॉर्क से अपने पिता को एक पत्र लिखा, जो उनकी मृत्यु के बाद वहाँ पहुँचा। परिवार के लोगों ने उसका उत्तर दिया, जिससे उन्हें यह समाचार मिला कि पिता का देहांत हो चुका है तथा उनके पिता ने अपनी अंतिम वसीयत में राधाबाई को चाँदी के छह हजार रूबल (रूसी सिक्का) दिए हैं। यह धन उनके परिवार के लोगों ने उनके पास भेज दिया, जिससे उनका आर्थिक संकट कुछ दिनों के लिए टल गया। वह अपना पृथक् किराए का मकान लेकर रहने लगीं।

राधाबाई सादा जीवन व्यतीत करती थीं। जब धन की विशेष आवश्यकता होती थी और लौकिक माध्यमों से धन प्राप्त होने की संभावना नहीं रहती थी तो उन्हें अपने संरक्षक और गुरु से केवल मौन प्रार्थना करनी पड़ती थी और धन उनकी मेज की एक दराज में आ जाता था। लेकिन राधाबाई अपनी व्यक्तिगत आवश्यकताओं के लिए अपने गुरु को कम-से-कम कष्ट देना चाहती थीं। अतः वह अधिकांशतः परिश्रम करके धन उपार्जित करने का प्रयास करती थीं। उनके गुरुदेव परोपकार के कार्यों के लिए उनके पास अलौकिक माध्यम से धन भेज देते थे। उस धन से वह एक पैसा भी अपने ऊपर नहीं खर्च करती थीं, भले ही उनको कितना ही कष्ट क्यों न उठाना पड़े।

आत्महत्या करने जा रहे व्यक्ति की रक्षा

कर्नल आलकाट ने इस संदर्भ में एक घटना का उल्लेख किया है। एक बार वह आर्थिक संकट से गुजर रही थीं, लेकिन उनकी मेज की दराज में बहुत सा धन रखा था। बाद में पता चला कि ये तेईस हजार फ्रांसीसी सिक्के थे। यह धन उनके गुरुदेव ने उनके पास अलौकिक रीति से भेजा था और यह निर्देश दिया था कि यह धन एक व्यक्ति को देना है। जब उनका आदेश प्राप्त हो, तब उस व्यक्ति को दे दिया जाए। कुछ दिनों बाद यह आदेश प्राप्त हुआ कि वह धन अमेरिका के बफैलो नगर के अमुक व्यक्ति को अमुक पते पर जाकर दे आओ, उससे कुछ कहने-सुनने की आवश्यकता नहीं है। राधाबाई जब निर्दिष्ट पते पर पहुँचीं तो देखा कि वह व्यक्ति भरा हुआ रिवॉल्वर मेज पर रखे है। उसने पत्नी को अंतिम पत्र लिखकर समाप्त ही किया था। कुछ ही क्षणों में आत्महत्या करनेवाला था, क्योंकि वह बुरी तरह से आर्थिक संकट में फँस चुका था। ठीक समय पर राधाबाई ने रुपए पहुँचाकर उसके प्राणों की रक्षा कर ली। अमेरिका से हजारों मील दूर बैठे उनके गुरु ने उस व्यक्ति की स्थिति को बहुत पहले से कैसे जान लिया था तथा आत्महत्या करने के कुछ क्षण पूर्व ही राधाबाई उस व्यक्ति के पास कैसे पहुँच गईं—यह सब बहुत आश्चर्य की बात थी। राधाबाई के लिए यह रहस्य की बात ही बनी रही कि इस व्यक्ति को ही उनके गुरुदेव ने सहायता क्यों पहुँचाई। शायद इस प्रसंग के माध्यम से गुरु ने अपनी शिष्या को अहेतुक कृपा, दयादृष्टि और परदु:खकातरता का पाठ सिखाया था। यह भी संभव है कि धनाभाव के समय राधाबाई के पास इतनी बड़ी धनराशि धरोहर के रूप में रखकर उनके चरित्र की परीक्षा ली हो, क्योंकि यदि गुरु चाहते तो वह धनराशि अपने योगबल से सीधे उस व्यक्ति को पहुँचा सकते थे अथवा राधाबाई के अतिरिक्त अन्य किसी माध्यम का भी वह उपयोग कर सकते थे।

□

प्रेतों की प्रदर्शनी और भावी योजना का संकेत

राधाबाई को अमेरिका केवल भ्रमण या छोटे-मोटे कामों के लिए नहीं भेजा गया था। वस्तुतः अमेरिका स्वतंत्र चिंतन का देश है। यहाँ के लोग रूढ़ियों और परंपराओं के अंधभक्त नहीं हैं। ये लोग नई-से-नई विचारधारा को सुनने-समझने को उत्सुक रहते हैं। उस समय ईसाई धर्म उनके मन को पूर्ण संतोष प्रदान करने में सक्षम नहीं था। नास्तिकवाद या वैज्ञानिक विकासवाद जगन्नियंता ईश्वर को नकार रहा था, जो उनके गले नहीं उतर रहा था। ऐसे वैचारिक और आस्था के संकट के समय यदि उनको स्वस्थ, संतुलित और सजीव दर्शन दिया जाए, तो यह अधिक प्रभावकारी सिद्ध होगा—यह सोचकर राधाबाई के गुरु ने उनको अमेरिका से भारतीय योगविद्या और तत्त्व-दर्शन के प्रचार-प्रसार के महान् कार्य को आरंभ करने का आदेश दिया।

आत्मावाद की ओर आकर्षण

इन दिनों अमेरिका में अनेक बुद्धिवादी और वैज्ञानिक आत्मावाद (स्प्रिच्वलिज्म) की ओर विशेष आकर्षित हो रहे थे। इसमें भारतीय अध्यात्म की तरह आत्मा-परमात्मा के संबंध का गहन अनुसंधान नहीं होता था, बल्कि यह एक प्रकार का प्रेतात्मावाद था। अतः किसी व्यक्ति को माध्यम बनाकर मृत लोगों की आत्माओं को बुलाया जाता था तथा

उनके द्वारा कुछ बातें जानी जाती थीं। इसमें बहुत भ्रम भी होते थे तथा किसी अन्य गूढ़ और उदात्त तथ्य की उपलब्धि नहीं होती थी। प्राय: इससे एक प्रकार का मनोरंजन होता था, लेकिन उन दिनों वह सुशिक्षित समाज का फैशन सा बन गया था।

राधाबाई ने इस फैशन का लाभ उठाना चाहा। यद्यपि उनके गुरु के मत में इसको कोई महत्त्व नहीं दिया जाता था। लेकिन वह इसके माध्यम से लोगों को उच्च कोटि के दर्शन की ओर आकर्षित कर सकती थीं, ऐसा वह सोच रही थीं। इस संबंध में उनको अपने गुरु का स्पष्ट आदेश नहीं प्राप्त हो रहा था। अत: वह एक अंतर्द्वंद्व में फँसी हुई थीं।

एक दिन उनकी दृष्टि एक समाचार-पत्र-विक्रेता के यहाँ रखे 'डेली ग्राफिक' पत्र में प्रकाशित एक विस्तृत और आश्चर्यजनक समाचार पर पड़ गई, जिसमें लिखा था—अमेरिका के वारमोंट राज्य के एक गाँव के खेतों के बीच बने मकान में मृत आत्माएँ साकार रूप से प्रकट होती हैं, जिन्हें कोई देख सकता है तथा जिनसे कोई बात कर सकता है। राधाबाई ने यह समाचार-पत्र खरीद लिया और ध्यान से इस समाचार को पढ़ा। यद्यपि राधाबाई ने आत्माओं को प्रकट होते कई बार देखा था, अत: इसमें उनके लिए कुछ अधिक विलक्षणता नहीं थी। फिर भी राधाबाई के मन में इस प्रेतलीला को स्वयं देखने-समझने की उत्सुकता अवश्य हुई। सौभाग्य से इसी समय उनको तिब्बत से गुरुदेव का अलौकिक रीति से स्पष्ट और निश्चित संदेश प्राप्त हो गया कि राधाबाई को भूतों का उक्त प्रदर्शन देखने जाना चाहिए, क्योंकि जो व्यक्ति प्रेतलीला का वर्णन समाचार-पत्रों में प्रकाशित कर रहा है, वह उनके भावी कार्य का निष्ठावान सहयोगी बनेगा। अब महान् कार्य को आरंभ करने का समय आ गया है।

इस महाशय का नाम था—कर्नल हेनरी एस. आलकाट, जो बाद में 'थियोसोफिकल सोसाइटी' के विश्वविख्यात अध्यक्ष हुए तथा जीवनपर्यंत राधाबाई के अनन्य और निष्ठावान सहयोगी रहे। हजारों मील दूर बैठे

राधाबाई के गुरुदेव ने अपनी दिव्य-दृष्टि से अमेरिका के एक गाँव में होनेवाली प्रेतलीला को देख लिया तथा उससे संबंधित कर्नल आलकाट का गौरवपूर्ण भविष्य भी निश्चित रूप में समझ लिया था। राधाबाई को उस गाँव में प्रेतलीला देखने के लिए नहीं भेजा गया था, बल्कि कर्नल आलकाट से परिचय प्राप्त करने के लिए ही भेजा गया था। प्रेतलीला के प्रसंग में कर्नल का नाम अमेरिका के घर-घर में पहुँच चुका था।

प्रेतों की प्रदर्शनी की परीक्षा

राधाबाई अक्तूबर 1874 में प्रेतलीला देखने के लिए वर्मोंट राज्य के चिटेंडेन गाँव में पहुँच गईं। लगभग तीस-पैंतीस व्यक्ति और भी पहुँच गए थे। कर्नल आलकाट वहाँ थे। इनकी अवस्था लगभग चालीस की होगी। यही इस भूत-प्रदर्शनी का विवरण समाचार-पत्रों में दे रहे थे। राधाबाई ने इनको देखते ही अनुमान लगा लिया था। आलकाट महाशय भी देखते ही समझ गए थे कि यह कोई असाधारण महिला है। दोनों में परिचय हुआ। राधाबाई ने आलकाट को विशेष पैनी दृष्टि से समझने का प्रयास किया; क्योंकि उनके गुरुदेव के संकेत के अनुसार आलकाट को ही उनके भावी कार्यक्रम में सहयोग देना था।

वहाँ पर प्रेतलीला प्रदर्शनी दिखाने के लिए एक विशेष कमरा था। उसमें एक मंच बना हुआ था। इसी पर प्रेत प्रकट होते थे और चलते-फिरते तथा बात करते थे। एक व्यक्ति प्रेतों को बुलाने का माध्यम होता था, जो एक किनारे बैठ जाता था।

जिस दिन राधाबाई उस गाँव में पहुँचीं, उसी दिन संध्या को प्रेत-प्रदर्शन का कार्यक्रम हुआ। राधाबाई ने प्रेत अनेक बार देखे थे, लेकिन यह दृश्य अत्यंत विलक्षण था। मंच पर जो भूत आए, उनमें उनकी चाची का एक घरेलू नौकर था, जो मर चुका था। यह गिटार बजाने का शौकीन था। अतः यहाँ भी वह गिटार लेकर ही आया। उसने अपनी ग्रामीण शैली में गिटार बजाते हुए गाया।

दूसरा प्रेत फारस के एक व्यापारी का था, जो अपनी राष्ट्रीय पोशाक में था। यह व्यापारी रूस में राधाबाई के परिवार में आता था। परिवार के सभी सदस्य इसे जानते थे। इसके बाद एक अन्य नौकर का प्रेत आया। राधाबाई ने उसका नाम लेकर पुकारा। उच्चारण में कुछ गड़बड़ी थी, तो उसने अपना शुद्ध नाम बोलकर बताया। राधाबाई ने पुनः शुद्ध नाम उच्चारण किया, तो उसने अपनी मातृभाषा में कहा, 'ठीक है।' फिर झुककर नमस्कार करके चला गया।

अब रूस की कूर्द आदिवासी जनजाति का एक सिपाही अपनी विशेष आदिवासी पोशाक में आया। वह भाला लिये था, जिसमें चिड़ियों के रंग-बिरंगे पंख बँधे थे। उसके विशिष्ट आदिवासी तरीके से राधाबाई को तुरंत याद आ गया कि यह तो उनकी ससुराल में रहता था और जब वह घर से बाहर घूमने जाती थीं तो इनकी सुरक्षा के लिए साथ-साथ जाता था।

अगला दृश्य तो और विलक्षण था। काले सूट में एक वयोवृद्ध आए। ये बिल्कुल राधाबाई के पिता की तरह थे। राधाबाई अपने पिता की मृत्यु के समय नहीं थीं, अतः उन्हें देखते ही भाव-विभोर होने लगीं, लेकिन कुछ-कुछ संदेह हो रहा था, अतः निश्चित करने के लिए उन्होंने नई प्रेतात्मा से अंग्रेजी में पूछा, "क्या आप मेरे पिता हैं?" लेकिन उसने रूसी भाषा में उत्तर दिया, "नहीं, मैं तुम्हारा चाचा हूँ।" वस्तुतः राधाबाई के पिता और चाचा में बहुत साम्य था, इसलिए उन्हें पहचानने में भ्रम हुआ था।

यह प्रदर्शन अति साधारण किसान के घर में हुआ था। प्रदर्शन के पूर्व उस घर या गाँव के लोगों से राधाबाई का कोई परिचय नहीं था। कर्नल आलकाट से भी उनका प्रदर्शन से थोड़ी देर पहले ही अति साधारण परिचय हुआ था। यहाँ का कोई व्यक्ति नहीं जानता था कि राधाबाई के रूस में कौन-कौन संबंधी, परिचित तथा नौकर थे तथा

कौन-कौन मर चुके थे। यहाँ किसी प्रकार की सम्मोहन विद्या आदि का भी प्रयोग नहीं हुआ था। यदि कोई धोखाधड़ी होती, तो यह किसान हजारों मील दूर रूस के मृत व्यक्तियों के शरीरों की बनावटों, नौकरों-चाकरों की भिन्न-भिन्न प्रकार की ग्रामीण बोलियों, विचित्र पोशाकों की नकल कैसे कर लेते? राधाबाई तथा अन्य उपस्थित लोग इस प्रेत-प्रदर्शन से आश्चर्यचकित और प्रभावित थे।

राधाबाई ने केवल एक दिन यह प्रदर्शन नहीं देखा, बल्कि लगभग तेरह-चौदह दिन इस विचित्र घटना की जाँच-परख करती रहीं। उनको पूर्ण विश्वास हो गया कि प्रेत-प्रदर्शन की ये घटनाएँ सच्ची हैं, अतः इनके संबंध में पत्र-पत्रिकाओं में लिखना चाहिए।

उन दिनों कुछ शंकालु लोग जानबूझकर इस प्रेतलीला के प्रदर्शन का खंडन कर रहे थे। राधाबाई को यह ठीक नहीं लगा। अतः उन्होंने उसके समर्थन में जोरदार लेख प्रकाशित कराए। जो सज्जन सबसे अधिक विरोध कर रहे थे, उनको चुनौती दी कि यदि वह इस प्रेत-प्रदर्शन को धोखाधड़ी सिद्ध कर देंगे, तो उनको पाँच सौ डॉलर दिए जाएँगे, अन्यथा इतने ही डॉलर उनको देने होंगे। लेकिन वह सज्जन चुनौती स्वीकार करने को कभी तैयार नहीं हुए।

इस विवाद का राधाबाई को एक विशेष लाभ यह हुआ कि अमेरिका में लाखों लोग उनके नाम से परिचित हो गए तथा आत्माओं में रुचि रखनेवाले बहुत लोग उनकी ओर आकर्षित होने लगे।

□

योगिनी की अलौकिक लीलाएँ

राधाबाई आत्मावाद की अनेक बातों से सहमत नहीं थीं, उसके नाम पर अनेक बेवकूफियाँ हो रही थीं। इसके आंदोलन से संबंधित लोग भारतीय ऋषियों की तरह वास्तविक आत्म-तत्त्व की खोज करने के बजाय सतही चीजों में भटक रहे थे तथा केवल चमत्कारों के चक्कर में थे। लेकिन इससे केवल एक लाभ हो रहा था कि लोग आत्मा के अस्तित्व और आत्मा की अमरता की ओर कुछ चिंतन करने लगे थे, जो कि भारतीय दर्शन का मुख्य आधार है। राधाबाई इसी आत्मवाद के सूत्र के सहारे उन लोगों को अपने गुरुदेव के संदेश की ओर उन्मुख करने की योजना बना रही थीं।

आध्यात्मिक जागरण के लिए चमत्कारों का उपयोग

आत्मावाद रूढ़िवादी चर्च, नास्तिकों, अविश्वासी विज्ञानवादियों के विरुद्ध था। अत: वह आत्मावाद का समर्थन करने लगीं तथा भारतीय दर्शन-विरोधी चर्च के पाखंड, नास्तिकों की मूढ़ता, विज्ञानवादियों की अपूर्णता की प्रखर आलोचना भी करने लगीं। इसके साथ-साथ आत्मवादियों के दोषों की ओर भी संकेत करने लगीं। उन्होंने अनेक पत्र-पत्रिकाओं में लेख लिखकर अमेरिका के प्रत्येक वर्ग में हलचल मचा दी।

राधाबाई के पास प्रेतात्मावादियों से अधिक चमत्कार दिखाने की शक्ति थी। प्रेतात्मावादी एक अँधेरे कमरे और माध्यम का उपयोग करते

थे। उसमें विशेष तैयारी करनी पड़ती थी, लेकिन राधाबाई बिना किसी तैयारी या साधनों के सहज रूप में अनेक चमत्कार दिखाकर यह प्रमाणित करती थीं कि प्रेतात्माओं के ऊपर भी कोई बहुत बड़ी शक्ति है तथा इस विद्या से बढ़कर कोई ऊँचा ज्ञान है। कर्नल आलकाट इन सब चमत्कारों को देखकर इस ओर आकर्षित हो चुके थे। उनमें इस विषय के उच्च ज्ञान को प्राप्त करने की प्रबल इच्छा उत्पन्न होती जा रही थी।

आत्मावाद की एक पत्रिका 'स्प्रिचुअल साइंटिस्ट' प्रकाशित होती थी। इसके संपादक-संचालक राधाबाई के ज्ञान और अनुभव से विशेष प्रभावित हो गए थे। उन्होंने पत्रिका में राधाबाई से लिखने के लिए कहा। राधाबाई ने इसको एक अच्छा अवसर समझा। अतः वह स्वयं लिखने लगीं तथा इस विषय में रुचि रखनेवाले विद्वानों को भी प्रेरित किया।

इधर डॉक्टर, प्रोफेसर, वैज्ञानिक, लेखक, पत्रकार उनके पास आने लगे। वह बातचीत में बहुत कुशल थीं। उनके पास विविध विषयों का व्यापक और गहन ज्ञान था। अतः वह सब प्रकार के लोगों को अत्यधिक आकर्षित कर लेती थीं। वार्त्तालाप के बीच में कभी-कभी कोई चमत्कार दिखाकर अलौकिक सत्ता का प्रमाण प्रस्तुत कर देती थीं। जैसे कभी दैवी घंटी बजने लगती थी। कोई घंटी कहीं दिखाई नहीं पड़ती थी, लेकिन सुमधुर ध्वनि सब सुनते थे।

थियोसोफिकल सोसाइटी की जन्म-कथा

राधाबाई को अपने नए कार्यक्रम को प्रारंभ करने के लिए कुछ समर्थकों को जुटाना था, इसलिए वह अधिक-से-अधिक प्रबुद्ध व्यक्तियों को प्रभावित करने का प्रयास कर रही थीं।

संभवतः समय अनुकूल आ गया था। इसी समय तिब्बत से गुरुदेव का आदेश आया था कि धर्म-दर्शन के प्रचार-प्रसार के लिए संस्था की स्थापना की जाए।

संयोग से एक सज्जन श्री जार्जफेल्ट राधाबाई से मिलने आए,

जिनका दावा था कि उन्होंने आत्माओं के संबंध में विशेष अनुसंधान किया है तथा आत्माओं को प्रत्यक्ष प्रकट कर सकते हैं। राधाबाई ने उनके भाषण और प्रदर्शन का कार्यक्रम निश्चित किया। इस विषय में रुचि रखनेवाले सत्रह लोग एकत्र हुए। फेल्ट का भाषण प्रभावकारी नहीं रहा तथा आत्माओं के प्रदर्शन की बात भी कुछ साकार होती नहीं प्रतीत हुई। लेकिन इसी बीच कर्नल आलकाट और राधाबाई के मन में एक साथ विचार आया कि इस विषय के गहन-गंभीर अनुसंधान के लिए एक संस्था की स्थापना का प्रस्ताव रखा जाए।

इस संबंध में उसी समय दोनों के बीच एक छोटे कागज पर लिखी टिप्पणी का आदान-प्रदान हुआ। कर्नल आलकाट ने इस विषय का एक प्रस्ताव खड़े होकर रख दिया। सब लोगों ने उत्साह से इसका समर्थन कर दिया। फिर इस संबंध में कई बार लोग एकत्र हुए तथा संस्था के विभिन्न पक्षों पर विचार किया गया और अंततः इसका गठन हो गया।

कर्नल हेनरी एस. आलकाट इस नवगठित संस्था के अध्यक्ष चुने गए तथा राधाबाई (अर्थात् मदाम एच.पी. ब्लावतस्की) मंत्री बनीं। कुछ व्यक्ति अन्य पदाधिकारी घोषित किए गए। नई संस्था का नाम 'थियोसोफिकल सोसाइटी' रखा गया। राधाबाई के अतिरिक्त अन्य सोलह सदस्य प्रेतात्मावाद या आत्मावाद की ही ओर विशेष झुके थे, अतः उन्हें यह नाम उपयुक्त नहीं प्रतीत हो रहा था। उस समय उनको वह भी नहीं ज्ञात था कि भविष्य में यह संस्था आत्मावाद की संकुचित और सीमित परिधि से निकलकर विश्वव्यापी महान् कार्य करेगी। मुख्य सूत्र तो तिब्बत में बैठे महान् योगी द्वारा नियंत्रित हो रहे थे तथा राधाबाई भी इस रहस्य को मन-ही-मन समझ रही थीं। अतः संस्था के अधिकांश सदस्यों की इच्छा के विपरीत न जाने कैसे यह नाम स्वीकृत हो गया। यह थी भविष्यद्रष्टा महान् योगियों की लीला! इस संस्था के उद्घाटन की शुभ तिथि 17 नवंबर, 1875 निश्चित की गई।

उक्त तिथि को न्यूयॉर्क के मोट मेमोरियल हॉल, मेडिसन एवेन्यू में कर्नल आलकाट के उद्घाटन भाषण के साथ 'थियोसोफिकल सोसाइटी' का जन्म हो गया। जैसा हम पिछले पृष्ठों में बता चुके हैं कि उन दिनों अमेरिका में प्रेतात्मावाद का बहुत जोर था और इसी के सहारे कुछ लोगों को नई संस्था के निर्माण के लिए एकत्र किया गया था, किंतु उद्घाटन के दिन ही प्रेतात्मावाद का खंडन किया गया था तथा कुछ नई मान्यताएँ और सिद्धांत प्रस्तुत किए गए थे, जो बहुत चौंकानेवाले थे। अत: आत्मावादी प्रारंभ से ही इसके विरोध में आ खड़े हुए। ईसाई धर्माचार्य अपने मत के अतिरिक्त अन्य किसी सिद्धांत को सही मानने को तैयार नहीं थे। नास्तिक या भौतिकतावादियों की दृष्टि से आत्मा-परमात्मा, धर्म-कर्म आदि की बातें पाखंड थीं। इसी प्रकार नई संस्था के लिए अत्यधिक प्रतिकूल वातावरण था।

राधाबाई महान् योगी की शिष्या थीं और सत्य की उपासिका थीं। वह महान् संस्था के जन्म के समय मिथ्या आडंबर और अस्पष्टता का सहारा कैसे ले सकती थीं? उन्होंने स्पष्ट शब्दों में अपने गुरु के विचारों को जनता के समक्ष रख दिया था तथा समर्थकों की भीड़ बढ़ाने के लिए शब्द जाल या चातुर्य का सहारा नहीं लिया था। ऐसी स्थिति में उनके अनेक समर्थक पीछे हटने लगे तथा चारों दिशाओं से उन पर आलोचनाओं की बौछार होने लगी। ऐसा प्रतीत होने लगा कि यह नई संस्था कुछ महीने भी नहीं चल सकेगी।

अदम्य साहसी, निष्ठावान राधाबाई हताश नहीं हुईं। जब आत्मावादी या अन्य लोग असहयोग करने लगे, तो वह बिना किसी शील-संकोच के समाचार-पत्रों में विरोधियों पर खुलकर प्रहार करने लगीं तथा अपने मत के समर्थन में दृढ़तापूर्वक लिखने लगीं। इसका परिणाम यह हुआ कि पूर्वाग्रह-मुक्त और स्वतंत्र चिंतन करनेवाले व्यक्ति उनकी ओर आकर्षित भी होने लगे। इस विवाद से उनकी संस्था और विचारधारा की ओर

अमेरिका के लोगों का ध्यान विशेष रूप से आकर्षित हो गया।

महान् वीरांगना राधाबाई इने-गिने समर्थकों के साथ सहस्रों विरोधियों का सामना करने के लिए सन्नद्ध हो गईं। कर्नल आलकाट सभाओं में भाषण देकर नए मत के लिए स्थान बना रहे थे और राधाबाई लेखन के द्वारा अपना थियोसोफी का रथ शनैः-शनैः आगे बढ़ा रही थीं।

चमत्कारों का रहस्य

राधाबाई ने अपने सुप्रसिद्ध ग्रंथ 'आइसिस अनवेल्ड' में लिखा था—"चमत्कार जैसी कोई चीज नहीं है। जो कुछ भी घटित होता है, वह शाश्वत, अपरिवर्तनीय, सदा सक्रिय नियम का परिणाम है।"

वास्तव में प्रकृति और परमात्मा के कार्य उक्त कोटि के ही हैं। इन्हें जो व्यक्ति समझ लेता है तथा इनका उपयोग जान जाता है, वह इन नियमों का सहज उपयोग करके कुछ दिखा देता है तो जो लोग इन नियमों को नहीं ज़ानते हैं, उनके लिए यह चमत्कार होता है, लेकिन प्रयोग करनेवाले के लिए साधारण बात ही रहती है।

राधाबाई ने कठोर तप और परिश्रम से इसी प्रकार की शक्ति प्राप्त कर ली थी। जब वह सृष्टि के रहस्य को समझाती थीं तो लोगों को विश्वास नहीं होता था, अतः उनके समक्ष व्यावहारिक रूप से कुछ करके दिखाना पड़ता था। देखनेवाले इनको चमत्कार मान लेते थे। इनका इन चामत्कारिक प्रदर्शनों का उद्देश्य धन या यश का अर्जन नहीं होता था; अपितु यह बताना होता था कि पाश्चात्य देशों में धर्म, अध्यात्म, आत्मावाद या विज्ञान के नाम पर जो कुछ प्रचलित है, वह अपूर्ण व भ्रामक है। प्राचीन भारतीय ब्रह्मविद्या सृष्टि के रहस्यों को समझने में उनसे कहीं अधिक समर्थ है। दूसरे शब्दों में, पश्चिम में अपने नए मत को प्रतिष्ठित करने के लिए कुछ असाधारण प्रत्यक्ष प्रमाण प्रस्तुत करने थे, जिससे वहाँ के शंकालु भौतिकवादी लोग इस ओर आकर्षित हो सकें। संभवतः संसार के समस्त आध्यात्मिक महापुरुषों के समक्ष इस

प्रकार की समस्या आई है और उन्हें असाधारण करके दिखाना पड़ा है, जिसे लोगों ने चमत्कार माना है। महान् योगी गोरखनाथ, शंकराचार्य, ईसा मसीह, विशुद्धानंद, शिरडी के साईंबाबा और आज के सत्य साईंबाबा के चमत्कार देखकर ही लाखों भक्त बने। राधाबाई को भी इसी पद्धति का अनुसरण करना पड़ा था।

अलौकिक शक्ति से चित्रों का सृजन

जब वह 'थियोसोफिकल सोसाइटी' की स्थापना करने जा रही थीं, उन्हें प्रबुद्ध व्यक्तियों के सहयोग की आवश्यकता थी। उन्हें ज्ञात हुआ कि कार्नेल यूनिवर्सिटी के अंग्रेजी के प्रख्यात प्राध्यापक प्रो. कोर्सन की आत्मावाद में विशेष रुचि है, उनका सहयोग प्राप्त करके संस्था लाभान्वित हो सकती है। अतः वह उनसे मिलने गईं। कुछ समय पूर्व उनकी प्यारी पुत्री का देहांत हो गया था, जिससे उनकी पत्नी विशेष दुःखी थीं। एक दिन प्रो. कोर्सन और उनकी पत्नी से राधाबाई बात कर रही थीं। उन्होंने वहीं उस मृत लड़की का बड़ा सुंदर चित्र उत्पन्न कर दिया। श्रीमती कोर्सन वह जीवंत चित्र देखकर हतप्रभ रह गईं। लेकिन दूसरे ही क्षण उन्होंने कहा, "यह तो शैतान का काम है।" और अपनी प्रिय पुत्री का वह चित्र आग में फेंक दिया। यह उसका विशुद्ध अज्ञान था। लेकिन राधाबाई इस घटना से विचलित नहीं हुईं, बल्कि उस दंपती को समझाने का सतत प्रयत्न करती रहीं।

आत्मा का सेवा-कार्य

एक दिन शाम को यह घोषणा की गई थी कि रात में पाला (बर्फ) बहुत पड़ेगा। घर के बाहरी भाग में कुछ गमले रखे थे, जिनमें लगे कुछ नए पौधों को क्षति होने की आशंका थी। श्रीमती कोर्सन चिंतित थीं और चाहती थीं कि पौधे घर के अंदर आ जाएँ। राधाबाई ने उनको चिंतित देखकर कह दिया कि आप लोग निश्चिंत होकर सोने जाएँ, मैं 'जान'

नामक आत्मा से कह दूँगी, वह सारे गमले अंदर ले आएगी। जब वे लोग सुबह उठे, तो उन्होंने देखा कि गमले अंदर थे। इससे वह भी बहुत प्रभावित हो गई।

राधाबाई के नियंत्रण में जानकिंग नाम की आत्मा थी। यह उनके नौकर का सा काम करती थी। कहते हैं कि वह सत्रहवीं शताब्दी के कुख्यात व्यक्ति सर हेनरी मार्गन की आत्मा थी, जो पृथ्वी पर इधर-उधर भटकती घूम रही थी। यह आत्मा कठिन-से-कठिन परिस्थितियों में राधाबाई के आदेश का पालन करती थी।

जानकिंग अन्य कई आत्मावादियों के समक्ष भी प्रगट हुआ था। एक सज्जन को तो उसने अपना चित्र बनाकर दिया था, जो आज भी थियोसोफिकल सोसाइटी के कार्यालय में टँगा है। उस चित्र की विशेषता यह है कि दशाब्दियों बाद भी चित्र ताजा बनाया हुआ लगता है।

अलौकिक शक्तियों के प्रत्यक्ष प्रमाण

कर्नल आलकाट थियोसोफिकल सोसाइटी के अध्यक्ष के रूप में राधाबाई के साथ सहयोग अवश्य कर रहे थे; किंतु उनके मन में राधाबाई की अलौकिक शक्तियों के संबंध में कुछ प्रश्न भी थे। राधाबाई को अच्छी कलम, पेंसिल आदि का बहुत शौक था। जहाँ कहीं अच्छी पेंसिल-कलम मिल जाती थी, तो वह अपनी मेज की दराज में रख देती थीं। कर्नल की कई पेंसिलें वह ले चुकी थीं। एक दिन कर्नल किसी काम से राधाबाई से मिलने आए। उनके हाथ में बहुत अच्छी बनी हुई पेंसिल थी। राधाबाई कागज पर कुछ बना रही थीं, उनकी पेंसिल देखकर उन्होंने वह माँग ली। कर्नल के मन में यह विचार आया कि पेंसिल तो अब गई। काम के बाद वह उसे अपनी दराज में रख लेंगी। इसी क्षण राधाबाई का हाथ पास में रखी ट्रे की ओर बढ़ा और ढेर सी बिल्कुल उसी तरह की पेंसिलें ट्रे में रखी दिखाई पड़ीं। कर्नल को समझने में देर नहीं लगी कि राधाबाई ने उनके कुविचार को तत्काल पकड़ लिया है और तमाम

पेंसिलें पैदा करके दिखा दिया कि पेंसिलों की उनको कमी नहीं है और न लालच है। कर्नल के विचार भ्रामक और अनुदार हैं। कर्नल ने कुछ नहीं कहा, किंतु मन–ही–मन में बहुत लज्जित हुए तथा राधाबाई की शक्तियों से और अधिक प्रभावित हो गए।

राधाबाई अपने परमगुरु मौर्य महाशय की अलौकिक शक्तियों और गुणों का वर्णन किया करती थीं। वह कहती थीं कि गुरुदेव जहाँ चाहें, क्षण भर में प्रकट हो सकते हैं। कर्नल ने उनके दर्शन नहीं किए थे तथा उनके सामने वह कभी प्रकट नहीं हुए थे, अतः वह राधाबाई के कथन पर पूर्ण विश्वास नहीं करते थे। उस समय दोनों एक ही भवन में अलग–अलग कमरों में रह रहे थे। राधाबाई उनको भावी कार्यक्रम के लिए प्रशिक्षित कर रही थीं। वह नहीं चाहती थीं कि कर्नल के मन में उनके प्रति किसी प्रकार का अविश्वास रहे अथवा गुरुदेव के प्रति कोई आशंका रहे। निश्चित ही उन्होंने मन–ही–मन अपने गुरुदेव से इस संबंध में प्रार्थना की होगी।

बंद कमरे में तिब्बतवासी गुरु का प्रकट और लोप होना

एक दिन अर्धरात्रि के समय कर्नल ने राधाबाई के कमरे का दरवाजा खटखटाया। उन्होंने दरवाजा खोला तो देखा कि कर्नल एक हाथ में मोमबत्ती और दूसरे में राजपूती पगड़ी लिये खड़े हैं। पगड़ी में रेशमी धागे से अंग्रेजी में 'एम' कढ़ा था। यह पगड़ी राधाबाई कई बार देख चुकी थीं। उनको पहचानने में देर नहीं लगी कि यह उनके गुरुदेव महाशय मौर्य की है। कर्नल की आँखों में परम प्रसन्नता की चमक थी तथा होंठों पर आनंदपूर्ण मुसकराहट थी। दोनों अध्ययन कक्ष में जाकर बैठे, तब आलकाट ने बताया कि उनके कमरे के दरवाजे पूरी तरह से बंद थे। वह एक पुस्तक पढ़ रहे थे। उसी समय तेजयुक्त मुखमंडल वाला, सफेद वस्त्रों में तथा सिर पर यह भारतीय पगड़ी धारण किए हुए एक लंबा व्यक्ति उनके समक्ष प्रकट हो गया। आलकाट राधाबाई से गुरुदेव

मौर्य महाशय के संबंध में बहुत कुछ सुन चुके थे, अत: उनको समझने में देर नहीं लगी कि यह उनके गुरुदेव हैं। आश्चर्य और आनंद में उनके हाथ की पुस्तक गिर गई और वह उनके चरणों में झुक गए। गुरुदेव ने उनके सिर को अपने कोमल कर से स्पर्श किया तथा उनको अपनी कुरसी पर बैठने का आदेश दिया। इसके बाद बहुत देर वह आलकाट से ब्रह्मविद्या के प्रचार-प्रसार के संबंध में बातें करते रहे। उन्होंने कहा कि यदि आलकाट सांसारिक प्रलोभनों और मायामोह को त्याग सकेंगे, तो उनका इस भावी महान् कार्यक्रम में महत्त्वपूर्ण योगदान हो सकता है।

मौर्य महाशय बातें समाप्त करके उठ खड़े हुए और सिर से पगड़ी उतारकर मेज पर रख दी तथा कर्नल से उसे अपने पास रखने के लिए कहा। वास्तव में कर्नल की आँखों को अभी भी विश्वास नहीं हो रहा था कि यह वास्तविक दृश्य है। उनकी समझ में आ रहा था कि संभव है—यह गुरुदेव मौर्य का सूक्ष्म शरीर मात्र हो, भौतिक रूप न हो। इसके अतिरिक्त बिना किसी ठोस प्रमाण के लोग विश्वास नहीं करेंगे कि कर्नल को गुरुदेव ने प्रत्यक्ष रूप से दर्शन दिए हैं। अत: उनके मन की शंकालु भावनाओं को समझकर मौर्य महाशय ने अपनी पगड़ी उतारकर दे दी थी, जो वर्षों तक उनके पास प्रमाणस्वरूप बनी रहेगी तथा यह भी सिद्ध करेगी कि यह सब मायाजाल, दृष्टि-दोष या सूक्ष्म शरीर का खेल मात्र नहीं था। गुरुदेव अपने भौतिक शरीर और परिधान में ही चंचलमना भक्त की आशंकाओं को निर्मूल करने के लिए प्रकट हुए थे।

राधाबाई तो सब जानती ही थीं। अत: उन्होंने आलकाट से कहा, "तुम्हारे मूर्खतापूर्ण भ्रम और आशंकाओं की ओर ध्यान देकर गुरुदेव ने तुम पर महान् कृपा की है।" अर्थात् सशरीर दर्शन दिए तथा पगड़ी दी।

यद्यपि रात बहुत हो चुकी थी, लेकिन आलकाट की आँखों में नींद नहीं थी। यह प्रसंग उनके जीवन को रूपांतरित करने का सबसे बड़ा कारण बना। उनको संसार निस्सार प्रतीत हो रहा था। वह अब इस

महापुरुष की इच्छापूर्ति करने के लिए कुछ भी त्याग करने को तैयार थे।

राधाबाई को विशेष प्रसन्नता थी कि उनके भावी अनन्य सहयोगी का उनपर अधिक विश्वास हो गया था तथा वह अब पूर्ण निष्ठा और गंभीरता से संस्था के संचालन के लिए प्रस्तुत होने जा रहा था।

अमेरिका में तत्काल तिरवल्लुवर का चित्र उत्पन्न करना

राधाबाई प्राय: अनेक प्रकार की वस्तुओं को उत्पन्न कर देती थीं, लेकिन कुछ के मन में संदेह बने रहते थे। अत: वे अपने ढंग से परीक्षा करना चाहते थे। एक दिन कई लोगों के साथ भक्त डब्ल्यू.क्यू. जज भी थे। वह कलाकार थे। वह कोई ऐसी घटना देखना चाहते थे, जिससे दैवी कला या अलौकिक कला का कुछ परिचय प्राप्त हो सके। अत: उन्होंने राधाबाई से अनुरोध किया, "क्या आप आज किसी का चित्र उत्पन्न करने की कृपा करेंगी।"

राधाबाई ने कहा, "किसका चित्र चाहते हो?"

जज ने सोच-विचारकर ऐसे व्यक्ति का चित्र माँगा, जिसकी किसी अमेरिकावासी से कल्पना भी नहीं की जा सकती थी। उसने कहा, "दक्षिण भारत के प्राचीन काल के संत तिरवल्लु, अर्थात् तिरवल्लुवर का चित्र चाहिए।"

उसी दिन शाम को आलकाट कोरे कागजों का एक पैकेट लाए थे। राधाबाई उनके कमरे में गईं और पैकेट से कागज निकाला। उन्होंने उस पैकेट से इसलिए कागज लिया, जिससे जज तथा अन्य दर्शकों को भ्रम न हो कि राधाबाई ने कागज में कोई गड़बड़ी की है। उस कागज के दो टुकड़े किए और आधा भाग ब्लाटिंग पेपर के ऊपर रखा। फिर एक पेंसिल के सुरमे (लेड) से एक दाना खुरचकर कागज पर डाल दिया। फिर दाहिने हाथ की हथेली से कागज को गोल-गोल रगड़ना शुरू किया। एक मिनट के बाद ही कागज की सतह पर एक चित्र उभर आया। चित्र सबके सामने रखा गया। बहुत सुंदर और सजीव चित्र था।

यह पेंसिल से बनाया नहीं लग रहा था, बल्कि बहुत अच्छा फोटोग्राफ प्रतीत हो रहा था। इस चित्र को देखकर अमेरिका के तत्कालीन विख्यात चित्रकार ने घोषित किया था कि यह अप्रतिम चित्र है तथा उसकी समझ में कोई जीवित चित्रकार ऐसा परिपूर्ण चित्र नहीं बना सका होता।

जज इस घटना से इतना अधिक प्रभावित हुए कि वह राधाबाई की अलौकिक शक्तियों की मुक्तकंठ से प्रशंसा करने लगे। बाद में ब्रह्मविद्या के प्रचार-प्रसार में उन्होंने उल्लेखनीय सहयोग प्रदान किया।

नोट से नोट बनाना

एक दिन डॉ. आर्चीबाल्ड तथा लंदन के कुछ थियोसोफिस्ट विचार-विमर्श कर रहे थे। किसी कारण एक ऐसे व्यक्ति की चर्चा उठी, जो भूखों मरने जा रहा था। राधाबाई ने भी यह बात सुनी। उन्होंने डॉ. आर्चीवाल्ड से कहा कि मैं उसकी सहायता कर दूँगी, यदि तुम इसी समय पच्चीस पौंड का एक नोट ले आओ। उनके पास उस समय नोट नहीं था। लेकिन पच्चीस पौंड के नोट की उन्होंने व्यवस्था कर दी। राधाबाई ने उस नोट को उनको तंबाकू की टोकरी में नीचे गाड़ देने तथा टोकरी को अपनी कुरसी के चौड़े हत्थे पर रख देने को कहा। डॉ. आर्चीबाल्ड ने वैसा ही कर दिया। राधाबाई ने तंबाकू की ऊपरी सतह पर एक या द़ो मिनट के लिए अपनी हथेली रखी और फिर उनसे नोट निकाल लेने को कहा। डॉक्टर ने मुड़ा हुआ नोट टोकरी से निकालकर देखा, तो एक की जगह अब दो नोट थे। इस नए नोट का नंबर भिन्न था तथा वह सब प्रकार से ठीक था, जाली नहीं था। राधाबाई ने इस नए नोट को उस भूखों मर रहे व्यक्ति को डाक द्वारा भेज देने को कहा। नोट लिफाफे में रखकर यथा स्थान भेज दिया गया।

डॉ. आर्चीबाल्ड बहुत असमंजस में थे। वह बहुत ध्यान से सब देख रहे थे कि राधाबाई ने उनका नोट छुआ भी नहीं था। तंबाकू की टोकरी में कोई दूसरा नोट नहीं था, क्योंकि उन्होंने अपना नोट गाढ़ते

समय तंबाकू को ठीक से खोदकर देखा था। फिर राधाबाई ने विशेष कुछ किया भी नहीं था, केवल क्षण भर अपनी हथेली तंबाकू की ऊपरी सतह पर रखी थी। फिर नोट के साथ ही मुड़ा हुआ दूसरा नोट मिला था। क्षण भर में ही, नोट निकालकर उसमें दूसरा नोट रखकर, फिर दोनों नोटों को एक साथ मोड़कर तंबाकू में पुनः गहरे गाढ़ देना संभव नहीं था। सारांश यह था कि डॉ. आर्चीबाल्ड की बुद्धि काम नहीं कर रही थी।

डॉ. आर्चीबाल्ड ने सोचा कि यदि दूसरा नोट कहीं से स्थानांतरित किया गया है, तो यह स्पष्ट रूप से चोरी है और यदि मंत्र-शक्ति से बनाया गया है तो जाली नोट बनाने का दंडनीय अपराध है। फिर यदि वह नोट उत्पन्न कर सकती है, तो एक नोट की आवश्यकता क्यों पड़ती है? अतः उसने ये प्रश्न सीधे राधाबाई से पूछ लिए।

उन्होंने उत्तर दिया कि जैसे साँचा होने पर कोई चीज ढालने में सुविधा होती है, उसी प्रकार नोट होने से नोट उत्पन्न करने में सुविधा होती है। यह नोट किसी के पास से चोरी नहीं किया गया है और न जाली बनाया गया है। वस्तुतः ब्रह्मविद्या के कुछ केंद्रों में धन रहता है, जिसकी रक्षा योगी या मित्र लोग करते हैं। यह धन ऐसी ही आवश्यकताओं के लिए संचित और सुरक्षित रहता है। आवश्यकता पड़ने पर इन स्थानों से माँग लिया जाता है, लेकिन साधारण तरीके से नहीं आता है, बल्कि योग शक्ति के द्वारा आता है। जिस स्थान से नोट को लेना होता है, वहाँ उस नोट को कणों में विघटित कर दिया जाता है; फिर इन कणों को जहाँ पहुँचाना होता है, वहाँ उन्हें संघटित कर लिया जाता है। इस प्रकार नोट या सिक्का असली ही होता है, केवल विघटन और संघटन की क्रिया की जाती है।

सिक्के को नोट में रूपांतरित करना

एक बार राधाबाई अपने भक्तों और मित्रों के साथ बात कर रही थीं। उस समय एक स्त्री का पत्र आया, जो उनकी बहुत बड़ी शत्रु रही

थी। उसने इनको क्षति पहुँचाने का अथक प्रयास किया था। पत्र से ज्ञात हुआ कि वह बहुत कष्ट में है तथा उसे धन की अत्यधिक आवश्यकता है। उसने राधाबाई से आर्थिक सहायता के लिए प्रार्थना की थी। राधाबाई उदारमना निष्काम योगिनी थीं। वह शत्रु-मित्र के भेदभाव से बहुत ऊपर उठ चुकी थीं। याचक को निराश करना उनके स्वभाव में नहीं था। उन्होंने उसी समय अपने बटुए से पाँच सोने के सिक्के (सावरेन) निकाले और वहाँ उपस्थिति लोगों से पूछा कि किसी के पास इन सिक्कों के बराबर नोट है। संयोग से उस समय उतने सिक्कों के नोट किसी के पास नहीं थे। उनकी तंबाकू की टोकरी उपस्थित लोगों के पास घूम रही थी, वे लोग उससे तंबाकू लेकर अपनी अपनी सिगरेट बना रहे थे। जब टोकरी राधाबाई के सामने आई, तो उन्होंने अपनी सिगरेट बनाकर सोने के पाँच सिक्के उसी में डाल दिए। अब टोकरी बेर्ट्रम नामक सज्जन के पास आई। उन्होंने उसमें सिक्के खोजे तो दिखाई नहीं पड़े। बेर्ट्रम ने उनको सिक्के डालते देखा था, अत: राधाबाई से पूछा कि क्या आपने टोकरी में पाँच सिक्के डाले थे? उन्होंने 'हाँ' कहा तो बेर्ट्रम ने तंबाकू को फिर उलट-पलटकर देखा। आश्चर्य यह था कि उन पाँच सोने के सिक्कों के मूल्य के बराबर ही नोट वहाँ मिले! ये नोट लिफाफे में रखकर उस संकटग्रस्त स्त्री के पते पर डाकखाने के माध्यम से उसी समय भेज दिए गए।

पहले नोट से नोट बनाया गया था, लेकिन इस बार सिक्कों को नोटों में रूपांतरित किया गया था, अर्थात् विघटन-संघटन की प्रक्रिया से किसी अन्य स्थान से बदला गया था तथा दु:खी का कष्ट-निवारण किया गया था। इसके साथ-साथ भक्तों को भारतीय योग की वैज्ञानिक क्रिया का प्रत्यक्ष बोध कराया गया था।

□

सिद्धों के देश में विदेशी योगिनी की चर्चा

हम पिछले पृष्ठों में बता चुके हैं कि अमेरिका में नवगठित संस्था 'थियोसोफिकल सोसाइटी' के विकास के अच्छे लक्षण नहीं दिखाई पड़ रहे थे। बहुत दिनों से उसकी कोई बैठक नहीं हुई थी। एक प्रकार से कर्नल आलकाट और राधाबाई ही इसके लिए काम कर रहे थे। इस निराशा के समय तिब्बत से एक संदेश प्राप्त हुआ कि संस्था का प्रधान कार्यालय भारत ले जाया जाए, तो अधिक अच्छा होगा। राधाबाई को इस सुझाव से विशेष प्रसन्नता थी; क्योंकि उन्हें अपने गुरु के देश में सेवा का अवसर मिल रहा था तथा सिद्धों के देश में प्रवास का सौभाग्य प्राप्त हो रहा था। लेकिन इस सुझाव में एक कठिनाई यह थी कि कर्नल आलकाट संस्था के अध्यक्ष थे तथा अमेरिका में उनकी वकालत अच्छी चल रही थी। यद्यपि पत्नी से तलाक हो गई थी, फिर भी बच्चों के भरण-पोषण और शिक्षा-दीक्षा का भार उन्हीं पर था। इस उत्तरदायित्व और प्रचुर आय को छोड़कर वह राधाबाई के साथ भारत कैसे चले जाते? राधाबाई इन सब बातों को ध्यान में रखकर कर्नल आलकाट से भारत चलने का प्रस्ताव नहीं रख रही थीं।

वास्तव में राधाबाई की यह चिंता एक प्रकार से निरर्थक थी; क्योंकि इस समस्या का समाधान करना उनके गुरुदेव का काम था। वह

परिस्थितियों को मोड़ दे रहे थे। जब से कर्नल आलकाट ने अलौकिक ढंग से योगी मौर्य महाशय के दर्शन किए थे, उनके जीवन में क्रांतिकारी परिवर्तन हो रहा था। उनमें त्याग और वैराग्य की वृत्ति बहुत तेजी से बढ़ रही थी। अब वह केवल ब्रह्मविद्या के लिए अपना जीवन अर्पित करने को तैयार थे।

राधाबाई और स्वामी दयानंद का मिलन

संयोग से, एक दिन कर्नल के एक आध्यात्मिक मित्र मिलने आए, जो कुछ समय पूर्व ही भारत-यात्रा से वापस आए थे। उन्हें बंबई में मूलजी ठाकरसी मिले थे, जिससे कर्नल का पुराना परिचय था। कर्नल ने अपने मित्र से मूलजी का पता ले लिया और उनको थियोसोफिकल सोसाइटी के संबंध में एक पत्र लिखा। मूलजी ने भारत में स्थापित आर्य समाज तथा स्वामी दयानंद का विवरण भेजा। कर्नल को कुछ ऐसा प्रतीत हुआ कि आर्यसमाज और थियोसोफिकल सोसाइटी के उद्‌देश्य समान हैं, अतः इसके साथ मिलकर काम करना चाहिए। मूलजी के माध्यम से बंबई शाखा के संयोजक हरीचंद्र चिंतामणि से उनका संपर्क हो गया। राधाबाई और कर्नल पर आर्यसमाज के संघटन का इतना प्रभाव पड़ा कि थियोसोफिकल सोसाइटी का आर्यसमाज में विलय करने का निश्चय हो गया। इस प्रकार 'आर्य समाज की थियोसोफिकल सोसाइटी' नया नाम भी रख लिया गया। बहुत सा चंदा एकत्र करके बंबई आर्यसमाज को भेजा गया। जब इन लोगों को यह ज्ञात हुआ कि आर्यसमाज की सैकड़ों शाखाएँ भारत में खुल गई हैं तथा हजारों लोग इसमें सक्रिय रूप से भाग ले रहे हैं तो इस समाचार से कर्नल को भारत जाने का स्वतः आकर्षण उत्पन्न हो गया।

इधर इंग्लैंड से भी बहुत अच्छा समाचार मिला। वहाँ 27 जून, 1808 को 'ब्रिटिश थियोसोफिकल सोसाइटी' की स्थापना हो गई थी। इसमें कई विद्वान् और निष्ठावान व्यक्ति सहयोग दे रहे थे। इस प्रकार

थियोसोफिकल सोसाइटी अपनी जन्मभूमि में निर्बल हो रही थी, लेकिन ब्रिटेन और भारत में इसका भविष्य उज्ज्वल प्रतीत हो रहा था। इंग्लैंड के थियोसोफिस्टों का आग्रह था कि इस आंदोलन के जन्मदाता कर्नल और राधाबाई यथाशीघ्र इंग्लैंड आएँ। इस उत्साहवर्धक निमंत्रण ने भी कर्नल को अनुप्रेरित किया।

अंततः दोनों ने 18 दिसंबर, 1878 को ब्रह्म मुहूर्त में जलयान से भारत के लिए प्रस्थान किया। मार्ग में इंग्लैंड में कुछ समय के लिए रुककर वहाँ के थियोसोफिस्ट बंधुओं से मिलना था। 3 जनवरी, 1876 को वे लंदन पहुँचे तथा 17 जनवरी को भारत के लिए चल दिए। इस अल्प अवधि में ही राधाबाई ने इंग्लैंड के लोगों का ध्यान आकर्षित किया। समाचार-पत्रों में इनकी तथा इनके विचारों की बहुत विस्तृत चर्चा हुई। कुछ कट्टर ईसाइयों ने इनका विरोध भी किया।

राधाबाई, आलकाट तथा अन्य साथी बंबई पहुँच गए। देश के अंग्रेजी समाचार-पत्रों में उनके भारत आगमन की चर्चा तो जोरदार हो गई, लेकिन आक्रामक आलोचनाओं और विवादों ने यहाँ भी पीछा नहीं छोड़ा। उस समय अंग्रेजों का शासन था। उनका राजकीय धर्म ईसाई धर्म था। अतः शासक और चर्चों के धर्माचार्य यह कैसे मान लेते कि अमेरिका, रूस और इंग्लैंड आदि गोरों के ही देश के लोग उनके साम्राज्य भारत में आकर उनके गुलामों के धर्म हिंदू धर्म की श्रेष्ठता प्रमाणित करें तथा ईसाई धर्म की आलोचना करें। अतः राधाबाई के भारत पहुँचते ही ईसाई पादरी काल्पनिक नामों से समाचार-पत्रों में लेख लिखकर राधाबाई और उनकी थियोसोफिकल सोसाइटी का विरोध करने लगे। राधाबाई चुप नहीं बैठीं, उन्होंने भी समाचार-पत्रों के माध्यम से आलोचनाओं के जोरदार उत्तर देने प्रारंभ किए। हिंदू सैकड़ों वर्षों से मुसलमानों द्वारा प्रताड़ित हुए थे और अब अंग्रेज उनकी संस्कृति को नष्ट करना चाहते थे। ऐसे समय में राधाबाई और थियोसोफिकल सोसाइटी के रूप में हिंदुओं को

उद्धारक और संरक्षक सा मिल गया। फलतः अनेक हिंदू बड़े उत्साह के साथ आकर्षित हुए। कुल मिलाकर थियोसोफी के संस्थापकों को सिद्धों के देश भारत से बड़ी आशाएँ उत्पन्न हो गईं।

राधाबाई और उनके साथी उत्तर भारत के भ्रमण के लिए निकल पड़े। इस यात्रा में वे अनेक योगियों, संतों और धर्माचार्यों से मिले। सर्वत्र उनका उत्साहवर्धक स्वागत हुआ।

उत्तर प्रदेश के सहारनपुर नगर में इन दोनों लोगों की स्वामी दयानंद से भेंट हुई तथा विचार-विमर्श हुआ। थियोसोफी और आर्यसमाज के पारस्परिक सहयोग के लिए कार्यक्रम निश्चित हुआ। आर्यसमाज की बहुत बड़ी सभा में कर्नल आलकाट का भाषण हुआ, जिसका अनुवाद करके श्रोताओं को सुनाया गया। इस अवसर के अतिरिक्त अन्य कई अवसरों पर भी आर्यसमाज के मंच से इन लोगों को अपने विचार व्यक्त करने के अवसर मिले। इससे थियोसोफी के संस्थापकों को भारत में अपने पैर जमाने का बहुत अच्छा सुयोग प्राप्त हुआ। लेकिन यह गठबंधन अधिक दिन नहीं चल सका। कई कारणों से थियोसोफिस्ट आर्यसमाज से पृथक् होने के लिए विवश हुए।

थियोसोफी के कार्यालय में भूत

थियोसोफिकल सोसाइटी का कार्यालय बंबई में खोला गया। विचारों के प्रचार के लिए अक्तूबर 1896 में 'दि थियोसोफिस्ट' नामक पत्रिका का अंग्रेजी भाषा में प्रकाशन प्रारंभ किया गया। यहीं पर दामोदर के. मावलांकर ने थियोसोफी की सदस्यता स्वीकार की तथा सबकुछ त्यागकर अपना जीवन सोसाइटी को समर्पित कर दिया। दामोदर ब्राह्मण थे। उनमें त्याग, तपस्या और धर्मनिष्ठा के भाव जन्मजात थे। राधाबाई को ऐसे भारतीय को शिष्य बनाकर हार्दिक प्रसन्नता हुई तथा संस्था को पर्याप्त शक्ति मिली।

जिस स्थान पर संस्था का कार्यालय प्रारंभ किया गया था, वह

स्थान पर्याप्त और उपयुक्त नहीं था। अतः अच्छे स्थान पर एक सुंदर बँगला किराए पर लिया गया। यह संस्थापकों के निवास और कार्यालय दोनों का काम दे रहा था। वैसे यह बँगला भूतहा कहा जाता था, लेकिन किसी ने चिंता नहीं की। एक रात कर्नल अपने कमरे में सोए ही थे कि उनकी चारपाई कोई उठाने लगा। वह जाग गए, तो उन्हें एक व्यक्ति दीवार में खड़ा दिखाई पड़ा। वह भूतों का तमाशा बहुत देख चुके थे, अतः बिल्कुल भयभीत नहीं हुए। राधाबाई ने उनको बहुत पहले भूतों को भगाने का मंत्र सिखा दिया था, इसलिए उसके पढ़ते ही वह भाग गया और फिर कभी उसने दर्शन नहीं दिए।

राधाबाई और कर्नल बड़े उत्साह से थियोसोफी का काम कर रहे थे। प्रचार का सबसे उत्तम साधन देश के कोने-कोने की यात्रा करना तथा अच्छे समर्थकों की खोज करना था। अतः ये लोग भारत के विभिन्न नगरों का भ्रमण कर रहे थे।

उन दिनों ब्रिटिश सरकार की ग्रीष्मकालीन राजधानी शिमला में रहती थी। गरमी में वहाँ देश के कोने-कोने से संभ्रांत लोग पहुँचते थे। अतः राधाबाई ने कुछ दिनों शिमला में रहना उचित समझा।

जासूस का चमत्कृत होना

थियोसोफी से अधिक राधाबाई के चमत्कारी व्यक्तित्व की चर्चा रहती थी। जो लोग उनसे मिलते थे, वे कुछ-न-कुछ चमत्कार देखने को उत्सुक रहते थे। शिमला में ऐसे ही एक महोदय मेजर हेंडर्सन मिल गए। एक दिन मेजर सहित छह व्यक्ति पिकनिक पर गए। एक व्यक्ति रास्ते में मिल गया। इस प्रकार कुल सात व्यक्ति हो गए। चाय के प्याले केवल छह थे। मेजर ने राधाबाई से कहा कि एक प्याला कम पड़ रहा है, आप अपनी अलौकिक शक्ति से उत्पन्न कर दीजिए।

राधाबाई ने उसको संतुष्ट करने के लिए सातवाँ प्याला उत्पन्न कर दिया। यह प्याला बिल्कुल वैसा ही था, जैसे पहले के छह प्याले थे। ये

छह प्याले इंग्लैंड के बने थे। उपस्थित लोगों को आश्चर्य होना स्वाभाविक था, लेकिन हेंडर्सन महोदय इससे संतुष्ट नहीं हुए। उन्होंने एक नया और विचित्र प्रस्ताव रखा। उन्होंने कहा कि वह थियोसोफिकल सोसाइटी के सदस्य बनना चाहते हैं। इसलिए इसी समय उनके नाम का प्रमाण-पत्र सोसाइटी के अध्यक्ष कर्नल आलकाट के हस्ताक्षरों से युक्त मिल जाए। राधाबाई ने उसी समय अलौकिक रीति से प्रमाण-पत्र उत्पन्न कर दिया। उसमें हेंडर्सन का नाम तथा अन्य खानों का विवरण बिल्कुल ठीक था, वहीं बैठे आलकाट के हस्ताक्षर भी थे, जबकि आलकाट ने ऐसे प्रमाण-पत्र पर कभी हस्ताक्षर नहीं किए थे। यह और भी अधिक विलक्षण घटना थी। हेंडर्सन को इससे भी संतोष नहीं हुआ। उसने राधाबाई से और कुछ दिखाने को कहा, तो वह नाराज हो गईं और उसको अच्छी तरह डाँट दिया। इसका परिणाम यह हुआ कि वह राधाबाई का विरोधी हो गया। सौभाग्य से यह अच्छा ही हुआ, क्योंकि वह सच्चा जिज्ञासु नहीं था, बल्कि वह ब्रिटिश सरकार का जासूस था। लेकिन इन विलक्षण घटनाओं का अन्य उपस्थित लोगों पर बहुत अच्छा प्रभाव पड़ा।

'पायनियर' के संपादक की शंकाओं का निवारण

उस समय अंग्रेजी के दैनिक समाचार-पत्र 'पायनियर' का प्रकाशन इलाहाबाद से होता था। इसके संपादक ए.पी. सीनेट थे। वह ब्रह्मविद्या और योग के गंभीर जिज्ञासु थे। उन्होंने राधाबाई के भारत आगमन पर उन्हें बंबई एक पत्र लिखा था, जिसमें थियोसोफी आंदोलन का सहयोग देने की इच्छा व्यक्त की थी। संभवत: उन्हीं के निमंत्रण पर वह शिमला पहुँची थीं और उन्हीं के साथ ठहरी थीं। सीनेट गरमियों में शिमला में रहते थे। उनको भी चमत्कार देखने का शौक था, लेकिन उनकी जिज्ञासा सच्ची थी। उन्होंने तिब्बत से अलौकिक रीति से आनेवाले आत्माओं के पत्रों के बारे में सुन रखा था। एक दिन उन्होंने राधाबाई को एक पत्र लिखकर दिया, जिसका उत्तर वह महात्माओं से चाहते थे। राधाबाई ने

कोशिश करने का आश्वासन देकर पत्र ले लिया। यह पत्र तिब्बत के दुर्गम गुरु आश्रम में भौतिक साधन से भेजना संभव नहीं था; क्योंकि उस समय वहाँ कोई डाक-सेवा नहीं थी। यदि किसी प्रकार से भेजा भी जाता तो पत्र पहुँचने में शायद महीनों लगते। केवल एक ही तरीका था कि राधाबाई अपने योग-बल से उस पत्र की विषय-वस्तु तिब्बत के योगियों को भेज देतीं और योगी अपनी अलौकिक शक्ति से पत्रोत्तर भेज देते।

राधाबाई को जब कभी कोई पत्र भेजना होता था तो बंद लिफाफा अपने माथे पर लगाती थीं और कुछ बुदबुदाती थीं, इस क्रिया से ही पत्र की लिखित सामग्री का ज्ञान उनके गुरु या अन्य किसी सहयोगी को हो जाता था। शायद इसी विधि से ए.पी. सीनेट के पत्र की सामग्री को राधाबाई ने भेज दिया।

इसके कई दिन बाद सीनेट ने अपनी लिखने की दराज का ताला खोला तो सब कागजों के ऊपर एक पत्र मिला, जो राधाबाई के गुरु-आश्रम के महात्मा के.एच. का था। सीनेट महोदय के आश्चर्य और आनंद की कोई सीमा नहीं थी। इसके बाद तो इसी प्रकार उनका महात्माओं से बहुत पत्र-व्यवहार हुआ। इन पत्रों में महात्माओं ने सीनेट को योग और तत्त्व-दर्शन की शिक्षा दी थी। ये पत्र बाद में पुस्तक रूप में प्रकाशित कर दिए गए थे। इस पुस्तक का नाम 'ए.पी. सीनेट को महात्मा के पत्र' (दि महात्माज लेटर्स टू ए.पी. सीनेट) था। मूल पत्र आज भी ब्रिटिश म्यूजियम में रखे हैं।

ए.पी. सीनेट को महात्माओं के पत्र तो मिल रहे थे, लेकिन कुछ संदेह शेष था। राधाबाई से उनके मन की बात छिपी नहीं रही। ये लोग शिमला से लौटते समय अमृतसर में रुके थे। यहाँ सीनेट ने एक पत्र महात्माओं के नाम लिखा और उसकी विषय-वस्तु उनको भेजने के लिए राधाबाई को 27 अक्तूबर, 1880 को 2 बजे दिन में दे दिया। महात्मा के.एच. उस समय झेलम में थे। यदि अमृतसर से झेलम कोई जाता तो

रेल से आठ घंटे लगते। उस समय रेल ही सबसे तेज सवारी उपलब्ध थी, लेकिन 27 अक्तूबर को ही पत्र देने के दो घंटे बाद 4 बजे शाम को के.एच. महोदय का तार द्वारा सीनेट को उत्तर प्राप्त हो गया। भ्रम-निवारण के लिए महात्मा के.एच. ने सीनेट को लिखा था कि वह झेलम जाकर तारघर में वह फॉर्म देखें, जिसमें उत्तर लिखकर तार करने के लिए दिया गया था, क्योंकि उसमें तारीख की मोहर और तार करने का समय भी लिखा जाता है। सीनेट झेलम गए और उस फॉर्म को तारघर में निकलवाकर देखा। उसमें तारीख 27 अक्तूबर थी और समय 4 बजे संध्या का था। इसके अतिरिक्त वह फॉर्म स्वयं महात्मा द्वारा भरा गया था तथा उसमें उन्हीं के हस्ताक्षर थे। अब राधाबाई तथा महात्माओं की अलौकिक शक्ति के संबंध में सीनेट के भ्रम का निवारण हो चुका था। कालांतर में यही सीनेट महोदय थियोसोफी के अनन्य समर्थक हुए तथा इस विषय पर कई ग्रंथ भी लिखे। उनके इस भारतीय ब्रह्मविद्या-प्रेम के कारण 'पायनियर' पत्र के संचालकों से विवाद हो गया था और उन्होंने नौकरी छोड़ दी थी।

□

राधाबाई का शिमला-प्रवास तथा कांग्रेस की स्थापना में योगदान

राधाबाई के शिमला प्रवास में एक ऐतिहासिक घटना हुई, ए.ओ. ह्यूम से मुलाकात। ह्यूम साहब 1876 तक नौ वर्ष भारत सरकार के सचिव रहे थे। बाद में विभागीय ईर्ष्या-द्वेष के कारण राजस्व-विभाग के अधिकारी बना दिए गए थे। वे भारत सरकार के बहुत मेधावी अधिकारियों में गिने जाते थे।

राधाबाई के प्रभावशाली व्यक्तित्व से ह्यूम साहब की भारतीय ब्रह्मविद्या में रुचि जाग्रत् हुई। महान् महात्माओं की भी उन पर कृपा हुई। इनको भी महात्माओं के प्रेरक पत्र अलौकिक माध्यम से प्राप्त होने लगे। उन्होंने शिमला में 'थियोसोफिकल सोसाइटी' की एक शाखा स्थापित करने में विशेष सहयोग प्रदान किया।

सर ह्यूम का राधाबाई से संपर्क

तिब्बत में बैठे महात्माओं की बड़ी दिव्य और दूरदर्शी दृष्टि थी। व्यक्ति की क्षमता और स्वभाव के अनुरूप काम लेना अच्छी तरह जानते थे। उन्हें ज्ञात था कि भारत के उद्धार के लिए कई मोर्चों पर काम करना होगा, जिसमें एक राजनीतिक क्षेत्र भी था। 1857 गदर की विफलता के बाद भारतवासियों की आत्मा इतनी दब चुकी थी कि वे अंग्रेजी सरकार से सीधा मुकाबला नहीं कर सकते थे। अत: भारत में राजनीतिक चेतना

जाग्रत् करने का आरंभ किसी अंग्रेज के माध्यम से होना चाहिए। इसलिए उन्होंने ह्यूम साहब को 'इंडियन नेशनल कांग्रेस' की स्थापना के लिए प्रेरित किया। यद्यपि प्रारंभ में ह्यूम साहब के मन में यह धारणा नहीं थी कि कांग्रेस उनके हाथ से निकलकर दादाभाई नौरोजी, गोखले, तिलक, महात्मा गांधी, आदि के नियंत्रण में पहुँचकर भारत में ब्रिटिश साम्राज्य की समाप्ति का कारण बनेगी। लेकिन ह्यूम साहब का यह उद्देश्य तो था ही कि कांग्रेस वैधानिक सीमा के अंतर्गत भारतवासियों के हितों की रक्षा करे। कुछ भी हो, भारत सरकार के एक उच्च अंग्रेज अधिकारी के मन में भारतवासियों के कल्याण की बात आना तथा उसके लिए ठोस कदम उठाना ही एक अद्भुत बात थी। यह निश्चित रूप से महात्माओं का चमत्कार था।

जैसा कांग्रेस के इतिहास तथा मूर्धन्य नेताओं की जीवनी से ज्ञात होता है कि थियोसोफी के अनेक सदस्य कांग्रेस के बहुत बड़े नेता हुए तथा प्रत्यक्ष व परोक्ष रूप से सहयोग प्रदान करते रहे। राधाबाई की शिष्या और उत्तराधिकारिणी श्रीमती एनी बेसेंट कांग्रेस की अध्यक्ष हुई थीं। महात्मा गांधी जब लंदन में पढ़ते थे तो राधाबाई के एक शिष्य के माध्यम से ही उनमें पहली बार गीता तथा स्वधर्म में रुचि उत्पन्न हुई थी। कांग्रेस के ही नेता महामना पं. मदनमोहन मालवीय को बनारस हिंदू विश्वविद्यालय की स्थापना में श्रीमती बीसेंट ने असाधारण सहयोग दिया था।

इसमें कोई संदेह नहीं है कि ए.ओ. ह्यूम के विचारों के परिवर्तन तथा भारतीयों के प्रति सहानुभूति उत्पन्न करने में राधाबाई का प्रत्यक्ष रूप से बहुत बड़ा योगदान था। यद्यपि ह्यूम कुछ समय बाद 'थियोसोफिकल सोसाइटी' के सक्रिय सहयोगी नहीं रहे थे, लेकिन भारत की स्वतंत्रता के लिए जिस कार्य का शुभारंभ करना था, उसमें वह पर्याप्त सचेष्ट रहे। यदि वह ब्रह्मविद्या के क्षेत्र में अधिक समय और श्रम देते, तो कोई

अधिक महत्त्वपूर्ण उपलब्धि न कर सके होते और कांग्रेस का काम अधिक आगे न बढ़ पाया होता। संभवतः थियोसोफी की ओर से उदासीन करने का यही प्रच्छन्न उद्देश्य रहा होगा।

ह्यूम का थियोसोफी से मतभेद का रहस्य

ए.ओ. ह्यूम बुद्धिवादी और अहंवादी अधिक थे। आध्यात्मिक क्षेत्र में साधक को इन दोनों प्रवृत्तियों को त्यागना पड़ता है, लेकिन ह्यूम के ऐसे संस्कार नहीं थे। इस तथ्य से महात्मागण परिचित थे, इसलिए उनको सामाजिक-राजनीतिक कार्य की ओर उन्मुख कर दिया था। यदि वह ब्रह्मविद्या या महात्माओं के क्रिया-कलापों की आलोचना करते थे तो उनको रोका नहीं जाता था। एक बार ह्यूम ने महात्माओं के संबंध में आलोचनात्मक लेख लिखा और राधाबाई से मासिक पत्र 'थियोसोफिस्ट' में प्रकाशित करने के लिए कहा, किंतु राधाबाई ने इनकार कर दिया। इस स्थिति में महात्माओं ने हस्तक्षेप किया तथा उनके लेख को प्रकाशित करने के लिए आदेश दिया। इसका एकमात्र उद्देश्य ह्यूम का थियोसोफी से विरोध घोषित कराना था। जिससे अंग्रेज शासकों की दृष्टि में थियोसोफीकल सोसाइटी का प्रत्यक्ष रूप से कोई राजनीतिक उद्देश्य तथा कांग्रेस के संस्थापक से संबंध न मान लिया जाए।

ब्रिटिश सरकार रूसी महिला राधाबाई पर प्रारंभ से ही आशंका कर रही थी। उनकी भारत की गतिविधियों पर नजर रखने के लिए जासूस भी लगा दिए थे। स्वतंत्रता-प्रेमी अमेरिका के निवासी कर्नल आलकाट भी अंग्रेजों की दृष्टि में अधिक विश्वसनीय नहीं थे। अतः यह कहना भी अनुचित न होगा कि यदि कांग्रेस और थियोसोफी का संबंध बना रहता, तो शायद कांग्रेस का उतना व्यापक स्वरूप न होता, जितना बाद में हुआ। कांग्रेस में सभी धर्मों, संप्रदायों और जातियों के लोग सम्मिलित हुए थे, लेकिन थियोसोफी तो शुद्ध रूप से सनातन धर्म, हिंदू आध्यात्मिकता, प्राचीन ऋषियों की योगविद्या तथा तत्त्व-दर्शन की

प्रचारक थी, अतः इसमें अधिकांशतः उच्च वर्ण के थोड़े हिंदू ही अधिक सहयोग दे सके थे।

सारांश यह है कि उच्च सरकारी अंग्रेज अधिकारी ह्यूम का महात्माओं और राधाबाई की ओर आकर्षित होना, उनकी प्रेरणा से ह्यूम साहब का कांग्रेस की स्थापना करना, फिर थियोसोफी की ओर से बाह्य रूप से उदासीन होना, कालांतर में जब कांग्रेस दृढ़ हो गई तो थियोसोफिस्टों का कांग्रेस आंदोलन में सक्रिय सहयोग देना, यह सब भारत के महान् योगियों और महात्माओं की दिव्य चेतना तथा अप्रतिम योजना का ही परिणाम था।

राधाबाई की भारत-प्रवास की अन्य उपलब्धियाँ

राधाबाई तथा कर्नल आलकाट का भारत आगमन और बंबई का प्रवास एक दृष्टि से बहुत सुखद और सौभाग्यशाली रहा। यहाँ पर उनका गुरुदेव तथा अन्य महात्माओं से संपर्क निरंतर रहने लगा। उनको पग-पग पर उनके परामर्श, निर्देश और आदेश प्राप्त होने लगे। ए.पी. सीनेट ने लिखा था कि राधाबाई लोगों से बात करते-करते प्रायः अचानक उठकर दूसरे कमरे में चली जाती थीं, तो उपस्थित लोगों में कुछ निकट के लोग समझ जाते थे कि इस समय गुरुदेव या अन्य सहयोगी का तिब्बत से अलौकिक पद्धति से कोई संदेश आनेवाला है, जिसे प्राप्त करने वह एकांत स्थान में गई हैं। अमेरिका की अपेक्षा यहाँ उनको महात्माओं के पत्र अधिक मिलते थे। जटिल समस्या आने पर स्पष्ट निर्देश प्राप्त हो जाते थे। 'थियोसोफिस्ट' पत्रिका की संपादकीय नीति के संबंध में भी निर्देश प्राप्त होते रहते थे। एक बार तो महात्मा के.एच. ने पत्रिका के लिए एक पूरा लेख अलौकिक माध्यम से लिख दिया था। उनके प्रतिनिधि और संदेशवाहक यहाँ आया करते थे। वह स्वयं भी अपने सूक्ष्म शरीर में कई बार प्रकट हुए थे तथा एक बार महात्मा मौर्य अपने प्रिय वाहन घोड़े पर सवार होकर भौतिक रूप में भी राधाबाई के

निवास स्थान पर पधारे थे। आध्यात्मिक मार्ग के लोग जानते हैं कि एक भक्त या साधक के लिए इससे बढ़कर परम सौभाग्य और आनंद की बात और नहीं होती है कि उसका सिद्ध गुरु उसकी ओर प्रतिक्षण अपनी दृष्टि रखे, उसका पग-पग पर निर्देशन करे तथा शिष्य के विकास के मार्ग में जो बाधाएँ आएँ, उन्हें शीघ्र दूर करे। राधाबाई को अपने महान् गुरु की ऐसी ही कृपा प्राप्त थी।

राधाबाई के पत्रों से पता चलता है कि उनको बंबई में आध्यात्मिक दृष्टि से कोई बहुत बड़ी उपलब्धि हुई थी। शायद उनकी वैयक्तिक साधना का लक्ष्य पूरा हो गया था। उनके जीवन का एकमात्र लक्ष्य परम सत्य का साक्षात्कार करना या आत्मोपलब्धि करना था। निश्चित ही उनको इस दिशा में सफलता मिल गई थी। मार्च 1882 में रूस के एक आध्यात्मिक मित्र को एक पत्र लिखा था, जिसका आशय यह है कि जिस तत्त्व की खोज में किशोरावस्था में घर से निकलकर संसार में भटकती रही थीं, वह उनको प्राप्त हो गया है। उनके निकट के लोगों का कहना था कि अब वह सचमुच सिद्ध संतों की परमहंस अवस्था को पहुँच गई थीं। भेद-दृष्टि समाप्त हो चुकी थी। विरोधियों के प्रहारों, व्यक्तिगत आलोचनाओं तथा प्रशंसाओं का उन पर कोई प्रभाव नहीं पड़ता था। वह पूर्ण रूप से निष्काम कर्मयोगिनी हो गई थीं। मदाम ब्लावतस्की अर्थात् राधाबाई का वैयक्तिक अस्तित्व कुछ नहीं रहा था। उनके भौतिक शरीर और बुद्धि से जो भी अच्छे काम होते थे, उनका पूरा श्रेय वे महात्माओं या अपने गुरु को देती थीं। उनका प्रतिक्षण गुरु-आदेश के पालन में व्यतीत होता था। उनका प्रत्येक कार्य गुरुभक्ति से अनुप्राणित था, उनका प्रत्येक विचार गुरुदर्शन पर आधारित था।

अडियार में थियोसोफी के प्रधान कार्यालय की स्थापना

राधाबाई और कर्नल आलकाट ने दक्षिण भारत की व्यापक यात्रा की थी। उन्हें उत्तर भारत की तुलना में दक्षिण भारत में अधिक

उत्साहपूर्ण समर्थन प्राप्त हुआ था। गुंटूर में तो पूरा शहर ही इन लोगों को देखने-सुनने के लिए उमड़ पड़ा था। रात में पूरे शहर में प्रकाश और आतिशबाजी की गई थी। सड़कों पर स्वागत-द्वार बनाए गए थे। थियोसोफी के संस्थापकों को इस हार्दिक और भव्य स्वागत से विशेष बल मिला। केवल गुंटूर ही नहीं, दक्षिण के अधिकांश शहरों में जनता इनको बड़ी गंभीरता से सुनने-समझने का प्रयास करती थी। प्रबुद्ध और समृद्ध लोगों का भी व्यापक सहयोग प्राप्त हो रहा था। फलतः अनेक नगरों में थियोसोफिकल सोसाइटी की शाखाएँ खुल गईं। इस दक्षिण यात्रा के पूर्व कर्नल आलकाट ने लंका की यात्रा की थी और बाद में राधाबाई भी गई थीं। वहाँ भी इनको प्रबल समर्थन प्राप्त हुआ था। छोटे से द्वीप में इनकी सोसाइटी की सात शाखाएँ खुल गई थीं।

अब राधाबाई और उनके सहयोगियों को अनुभव होने लगा कि भारत में उनकी संस्था के विकास के लिए दक्षिण का वातावरण अधिक उपयुक्त है। शायद यही राय उनके गुरु की रही होगी।

संयोग से मद्रास के निकट 'अडियार' नामक स्थान में एक पुराना बँगला और उससे संलग्न बगीचा बिकाऊ था। इसका क्षेत्रफल पच्चीस एकड़ था। देवी प्रेरणा से मद्रास के एक धनी व्यक्ति तथा एक न्यायाधीश के सहयोग से थियोसोफिकल सोसाइटी के प्रधान कार्यालय के लिए नौ हजार रुपए में यह बँगला खरीद लिया गया। अतः दिसंबर 1882 में सोसाइटी का कार्यालय बंबई से मद्रास के अडियार नामक स्थान पर अपने निजी भवन में आ गया। यह सस्थापकों के निवास और कार्यालय दोनों कार्यों के लिए उपयुक्त था। तब से यह कार्यालय आज तक वहीं है। लगभग 140 वर्ष पूरे हो रहे हैं।

अडियार स्थित यह प्रधान कार्यालय बहुत शुभ सिद्ध हुआ। सोसाइटी की गतिविधियाँ बड़ी द्रुत गति से आगे बढ़ने लगीं। सब वर्गों के लोगों का बड़ा अच्छा सहयोग प्राप्त होने लगा।

अडियार के साधना-कक्ष की विलक्षणताएँ

इस नए स्थान में छत पर एक पूजा-कक्ष बनाया गया। इसी के बगल में राधाबाई का निवास कक्ष था। जो लोग आध्यात्मिक विषयों के जानकार हैं, उन्हें ज्ञात है कि आध्यात्मिक साधना में साधना-स्थल की शुचिता, स्वच्छता और एकांतिकता का बहुत महत्त्व होता है। जिस स्थान में विरोधी या कुत्सित विचारों के लोग आते-जाते हैं, अनेक प्रकार की सांसारिक बातें होती हैं अथवा प्रायः साधना के स्थान का परिवर्तन किया जाता है, वहाँ दैवी शक्तियों का आकर्षण नहीं होता है, साधक के मन में एकाग्रता नहीं आती है तथा असद् शक्तियों द्वारा विक्षेप की बहुत संभावना रहती है। इसलिए छत पर यह साधना-कक्ष बनाया गया था। इसमें केवल वास्तविक साधकों को ही प्रवेश मिल पाता था।

ऐसा अनुमान है कि यह कक्ष महात्माओं के आदेश से बनाया गया था तथा उनकी कृपा से ही यहाँ दिव्य शक्ति विशेष रूप से केंद्रित हुई थी। यह कक्ष अपनी चमत्कारी शक्तियों और लीलाओं के कारण संपूर्ण विश्व में विख्यात हुआ। प्रारंभ में राधाबाई के गुरुदेव यहाँ अपने सूक्ष्म शरीर से प्रायः नित्य ही पधारते थे।

इस साधना-कक्ष में लकड़ी की छोटी सी सुंदर अलमारी रखी थी। इसमें महात्माओं के दो चित्र तथा महात्मा बुद्ध की एक मूर्ति रखी थी। इस अलमारी में साधक द्वारा महात्माओं के नाम पत्र लिखकर रख दिया जाता था तथा कुछ क्षणों के लिए अलमारी बंद कर दी जाती थी। इसके बाद अलमारी को खोला जाता था, तो पत्र गायब हो जाता था तथा उन महात्मा का उत्तर प्राप्त हो जाता था, जिनके नाम पत्र लिखा गया होता था। उत्तर चीनी या तिब्बती कागज में होता था। इसके अतिरिक्त इस कक्ष में अन्य अनेक विचित्र प्रकार की घटनाएँ हुआ करती थीं। विलक्षणता के कारण बहुत लोग इस ओर आकर्षित हुए। इससे ब्रह्मविद्या के प्रचार-प्रसार को बहुत गति मिली तथा महात्माओं और उनकी अलौकिक योग-

शक्ति के बारे में सहस्रों लोगों के मन में आस्था उत्पन्न हुई।

इस साधना या पूजा के कक्ष की देश-विदेश के समाचार-पत्रों में बड़ी चर्चा हुई, जिससे कुछ समय के लिए राधाबाई और उनकी संस्था को असुविधा भी उठानी पड़ी। जैसा हम बता चुके हैं कि राधाबाई ईसाइयों के धर्म के आडंबर की प्रबल आलोचक थीं। भारत के अन्य स्थानों की अपेक्षा दक्षिण में ईसाई अधिक थे। राधाबाई और आलकाट जैसे गोरे ईसाइयों के धर्म की आलोचना करते थे तो धर्म-प्रचारकों की स्थिति दयनीय हो जाती थी। अत: उन्होंने थियोसोफी और राधाबाई के विरुद्ध अनर्गल प्रचार शुरू किया तथा अनेक प्रकार के षड्यंत्र करने लगे। विशेष रूप से पूजा-कक्ष तथा महात्माओं के अलौकिक पत्रों के संबंध में अनेक झूठी कहानियाँ गढ़ी गईं। प्रारंभ में इन विरोधी प्रचारकों को आंशिक सफलता भी मिली तथा सनसनीखेज समाचार छापनेवाले पीत पत्रकारों को कुछ मसाला मिला, लेकिन बाद में इन दुष्ट लोगों को स्वयं लज्जित होना पड़ा। उस समय से अब तक थियोसोफिकल सोसाइटी सौ वर्ष पूरे कर चुकी है। अडियार के उसी स्थान में आज भी उसका प्रधान कार्यालय का भवन गर्व से अपना मस्तक ऊँचा किए खड़ा है, आज भी वह संसार के लाखों अध्यात्म-प्रेमियों का ज्योतिकेंद्र बना हुआ है। सिद्ध-महात्माओं की दिव्य संकल्पना, योगिनी राधाबाई की अनन्य तपस्या तथा सहस्रों भक्तों की अविचल निष्ठा का प्रतीक अडियार का यह थियोसोफी केंद्र भ्रमित मानवता का सदा मार्गदर्शन करता रहेगा।

□

सिद्ध-संतों द्वारा योगिनी के शरीर की रक्षा

महान् योगिनी राधाबाई इस भूलोक में ऋषियों-मुनियों की प्रबल इच्छा से अवतरित हुई थीं, उनके माध्यम से सृष्टि के अनेक गूढ़ रहस्यों का उद्‌घाटन होना था, उनके दिव्य व्यक्तित्व के द्वारा भारत की प्राचीन गुप्त विद्या का विश्लेषण होना था, अत: उनके तन, मन, बुद्धि की रक्षा का भार उन अलौकिक महात्माओं पर था। वह अपना सर्वस्व अपने गुरु-चरणों में अर्पित कर चुकी थीं। उनका शरीर महात्माओं का यंत्र मात्र था। वह स्वास्थ्य के नियमों की अवहेलना करते हुए अहर्निश परिश्रम करती थीं—भ्रमण, लेखन, भाषण, उनके जीवन के अपरिहार्य अंग हो गए थे। निष्क्रिय बैठना और विश्राम करना तो उन्होंने कभी जाना ही नहीं था। उनका अपने गुरुदेव पर अगाध विश्वास था। वह कहा करती थीं कि जितने दिनों तक इस शरीर में आवश्यकता होगी, उतने दिन वे इसे अवश्य बनाए रखेंगे। इम शरीर की रक्षा करना महात्माओं का काम है, इसलिए रोग आदि की चिंता निरर्थक है। उनका यह विश्वास पूर्ण सार्थक और अक्षरश: सत्य सिद्ध हुआ।

गुरदे के असाध्य रोग से केवल गुरु के दृष्टिपात से मुक्ति

भारत आने पर राधाबाई ने बहुत कठोर परिश्रम किया। वह अनवरत देश के विभिन्न भागों की यात्रा करती रहीं। उस समय रेल बहुत थोड़े

स्थानों में जाती थी। कहीं नाव, कहीं बैलगाड़ी, कहीं पालकी से यात्रा करनी पड़ती थी। यूरोप-अमेरिका की अपेक्षा यहाँ गरमी अधिक पड़ती थी। इससे उनके शरीर को बहुत कष्ट मिल रहा था। इसके अतिरिक्त, अलौकिक चमत्कार दिखाने का दुष्प्रभाव भी शरीर पर पड़ रहा था। इसके साथ-साथ सार्वजनिक आलोचनाओं, घृणित षड्यंत्रों, वाद-विवादों तथा संस्था के आंतरिक झगड़ों के कारण उनके मन और हृदय पर बहुत बोझ पड़ रहा था। इन सब विपरीत दशाओं का प्रभाव यह पड़ा कि जब वह बंबई में थीं तो अस्वस्थ हो गईं। उनके गुरदे में खराबी आ गई। डॉक्टरों का यह मत था कि वह अधिक दिन जीवित नहीं रह सकेंगी। उनका मत था कि किसी तीव्र मानसिक उद्वेग की अवस्था में उनके गुर्दे निष्क्रिय हो जाएँगे और एक क्षण में उनकी जीवन-लीला समाप्त हो जाएगी।

राधाबाई पूर्ण निश्चिंत थीं। वह डॉक्टरों की राय पर हँसती हुई टिप्पणी करती थीं कि डॉक्टर एक मानसिक उद्वेग को घातक बताते हैं, किंतु यहाँ तो प्रत्येक दिन तीस मानसिक झटके लगते हैं और गुरुकृपा से कुछ नहीं होता है।

डॉक्टर ने जब अपनी असमर्थता व्यक्त कर दी तो उनके गुरुदेव ने उनको अपने पास हिमालय बुला लिया। उनके मार्गदर्शन के लिए अपना एक चेला गार्गी देव भेजा। उनके गुरुदेव के पास जाने की खबर भक्तों में बड़ी तेजी से फैल गई और अनेक व्यक्ति उनके साथ जाने को तैयार हो गए। वह किसी को स्पष्ट रूप से मना नहीं कर पा रही थीं, लेकिन वह जानती थीं कि ये सब गुरुदेव के निकट पहुँच नहीं पाएँगे। इसका मुख्य कारण यह था कि ये सब निष्ठावान भक्त से अधिक तमाशबीन थे।

राधाबाई को चंद्रनगर से सिक्किम जाना था। वह चंद्रनगर रेलवे स्टेशन पहुँचीं। उनके साथ महात्मा द्वारा भेजा हुआ एक तिब्बती चेला मार्गदर्शक के रूप में था। पीछे लगनेवाले लोग भी प्लेटफॉर्म पर पहुँच चुके थे। एक विचित्र घटना हुई। राधाबाई अपने तिब्बती चेले के साथ

गाड़ी में बैठ गई थीं। बाकी लोग गाड़ी से कुछ दूर चले गए थे। गाड़ी अचानक बिना सीटी दिए ही चल दी। अतः अधिकांश लोग छूट गए। कुछ लोग दौड़कर लटक गए थे। वे भी आगे स्टेशन पर उतरकर लौट आए। एक दक्षिणी सज्जन अपने दृढ़ मनोबल से सिक्किम तक चले गए, लेकिन राधाबाई के साथ गुरुदेव के पास नहीं जा सके थे। वह वहाँ काफी भटकते रहे थे और बाद में जब वापस भारत आए थे तो कहते थे कि एक दिन जब वह बहुत दुःखी और निराश हो गए थे तो गुरुदेव ने अप्रत्याशित रूप से उनको दर्शन देकर कृतार्थ कर दिया था।

सिक्किम जाने के लिए भारत सरकार से अनुमति-पत्र लेना पड़ता था, जो राधाबाई को सरलता से मिल नहीं सकता था। गुरु-दर्शन के लिए वह कोई भी खतरा उठा सकती थीं। अतः वह बिना अनुमति-पत्र के ही सिक्किम की सीमा में प्रवेश का निश्चय कर चुकी थीं। उन्हें पूर्ण विश्वास था कि गुरुदेव उनके इस साहसिक प्रयास में अलौकिक रीति से सहायता अवश्य करेंगे। उनका विश्वास सही निकला। वह बिना अनुमति-पत्र के ही सिक्किम होते हुए गुरुदेव के अस्थायी निवास-स्थान में पहुँच गईं। वहाँ महात्मा मौर्य, महात्मा के.एच. तथा कुछ अन्य साधक थे।

राधाबाई को स्वस्थ होने की चिंता नहीं थी। उनको गुरु-चरणों का सान्निध्य प्राप्त करके असीम आनंद हो रहा था। यहाँ रहकर उनको तिब्बत प्रवास के पुराने दिन याद आ रहे थे। उन्होंने इस प्रवास की मधुर स्मृतियाँ एक पत्र में एक मित्र को लिखी थीं, जिससे प्रतीत होता है कि जैसे उनको स्वर्ग प्राप्त हो गया हो।

यहाँ राधाबाई का कोई भौतिक उपचार नहीं हुआ। केवल गुरुदेव के तेजस्वी व्यक्तित्व से उनके दैवी आभामंडल से, उनके आशीर्वादपूर्ण दृष्टिपात मात्र से ही उनके गुरदे का रोग समाप्त हो गया। उनका शरीर कष्टरहित और पूर्ण सक्षम प्रतीत होने लगा। अब उनके गुरुदेव ने उनको भारत की सीमा के अंदर पहुँचा दिया। वह दस दिन दार्जिलिंग में ठहरीं,

जहाँ गुरुदेव अपनी प्रिय शिष्या से नित्य मिलने आते रहे। यहाँ से शक्ति प्राप्त करके राधाबाई पुनः अपने कर्मक्षेत्र में पूर्ण रूप से सक्रिय हो उठीं। योगी और महात्मा अपने निष्ठावान शिष्यों की कितनी चिंता करते हैं, कितनी रक्षा करते हैं, कितना अहेतुक स्नेह देते हैं, इस सबका यह प्रसंग अनुपम उदाहरण है।

गुरु द्वारा राधाबाई को जीवन-दान

सन् 1885 की बात है। राधाबाई अडियार में रह रही थीं। वह अपने गुरु के आदेश से महान् ग्रंथ 'गुप्त सिद्धांत' (सीक्रेट डॉक्ट्रिन्स) लिखने की तैयारी कर रही थीं, लेकिन वहाँ का वातावरण लेखन-कार्य के लिए अनुकल नहीं था। ईसाई धर्म-प्रचारक उनके विरुद्ध अंतरराष्ट्रीय स्तर पर षड्यंत्र कर रहे थे। उनके विरुद्ध नितांत निराधार आरोप लगाए जा रहे थे, उनके साथ काम करनेवाले कुछ स्वार्थी लोगों को घूस देकर फोड़ा जा रहा था तथा उनको ब्रिटिश सरकार की नजरों में विद्रोही सिद्ध करने का प्रयास किया जा रहा था। इन सब मानसिक संत्रासों के कारण उनके स्वास्थ्य पर बुरा प्रभाव पड़ रहा था। पिछली बार उनके केवल गुरदे खराब हुए थे, लेकिन इस बार उनके हृदय और गुर्दों दोनों को आघात पहुँचा था। डॉक्टर अपनी असमर्थता प्रकट कर रहे थे। वह अचेतावस्था में हो गईं। डॉक्टरों के मत से इसी अवस्था में उनका प्राणांत हो जाना चाहिए था। उनके अधिकांश शुभचिंतक चिंतित हो गए थे।

राधाबाई की देखरेख करनेवालों को डॉक्टर निर्देश देकर गए थे कि रात में मरीज पर पूरा ध्यान रखा जाए। किसी क्षण कुछ हो सकता है। बेहोशी के कारण राधाबाई अपनी अस्वस्थता के संबंध में कुछ बता नहीं पा रही थीं। लेकिन डॉक्टरों ने जो कुछ कहा, वैसा नहीं हुआ। फिर चमत्कार हुआ। राधाबाई ने 8 बजे प्रातःकाल आँखें खोल दीं और अपना नाश्ता माँगने लगीं। दो दिन बाद वह अपनी स्वाभाविक आवाज में बोल रही थीं। डॉक्टरों को जब यह समाचार मिला तो वे आश्चर्यचकित

थे। उनके अनुसार रोग असाध्य था। यदि रोग ठीक हो जाता तो भी इतनी जल्दी रोगी को सामान्य नहीं होना था। डॉक्टरों की इस प्रतिक्रिया पर राधाबाई ने कहा था, "ओह डॉक्टर! आप हमारे महान् गुरुदेव पर विश्वास नहीं करते हैं।"

यह कहने की विशेष आवश्यकता नहीं है कि इस बार राधाबाई को अपने पास बुलाए बिना ही उनके अलौकिक गुरु ने उनको रोगमुक्त कर दिया था। उनकी कृपा से असाध्य रोग बिना किसी दवा-दारू के कुछ क्षणों में दूर हो गया था। कर्नल आलकाट जैसे महात्माओं के भक्त इस तथ्य को जानते थे। उनको राधाबाई की गंभीर अस्वस्थता की खबर बर्मा (अब म्याँमार) में मिली थी। वह अविलंब अडियार आए थे, लेकिन कुछ दिन रुककर यह कहकर चले गए थे कि गुरुदेव एक रात में आए थे और राधाबाई को मौत के पंजे से छीनकर चले गए थे। कर्नल का कथन था कि कृपालु गुरुदेव ने अनेक बार राधाबाई के प्राणों की रक्षा इसी प्रकार की थी।

मृतप्रायः राधाबाई पुनः स्वस्थ

साधारण स्वस्थ होते ही राधाबाई पूर्ण रूप से काम में जुट जाती थीं, विशेष रूप से लेखन का काम बहुत अधिक करती थीं। अत: उनका स्वास्थ्य अधिक दिनों तक ठीक नहीं रह पाता था। सन् 1886 में उनके भक्तों ने उनको विश्राम करने के लिए यूरोप के ओस्टंड नामक स्थान में व्यवस्था कर दी। इन दिनों उनको अपने महान् ग्रंथ 'सीक्रेट डॉक्ट्रिन' को जल्दी-से जल्दी पूरी करने की चिंता थी, अत: वह दिन-रात कठोर परिश्रम कर रही थीं। इधर ऋतु-परिवर्तन हुआ। दोनों का उनके स्वास्थ्य पर बुरा प्रभाव पड़ा। गुरदों में फिर शिकायत हो गई। स्थानीय डॉक्टर उनको आराम पहुँचा पाने में असमर्थ हो रहे थे, अत: इंग्लैंड के अच्छे डॉक्टर एलिस को बुलाया गया। इन्होंने स्थानीय डॉक्टरों से राधाबाई के रोग के संबंध में विचार-विमर्श किया तथा दोनों की संयुक्त राय

थी, "ऐसा रोगी हमने अपने जीवन में कभी नहीं देखा, जिसके गुरदे इतने खराब हों, फिर भी वह इतने दिनों तक जीवित रहे, जितने दिनों से राधाबाई चल रही हैं। कोई दवा इनको अब लाभ नहीं पहुँचा सकती है तथा इनको बचा पाना बहुत मुश्किल है।"

राधाबाई के मन में भी विचार आया कि शायद गुरुदेव इस शरीर को अधिक दिन नहीं रखना चाहते हैं। अतः उन्होंने अपनी अंतिम वसीयत भी लिखवा दी। डॉक्टर दिन-रात परिश्रम करके राधाबाई को बचाने का प्रयास कर रहे थे, किंतु कोई सुधार परिलक्षित नहीं हो रहा था। एक महिला देखरेख के लिए अनवरत बैठी रहती थी। एक रात उन्होंने अनुभव किया कि राधाबाई के शरीर से एक ऐसी दुर्गंध निकल रही है, जो मृत्यु के बाद मनुष्य के शरीर से निकलती है। उन महिला को विश्वास हो गया कि निश्चित ही राधाबाई का अंतिम समय आ गया है।

इसके विपरीत कुछ अनन्य भक्तों के मन में यह भावना थी कि गुरुदेव के आदेश से लिखा जा रहा ग्रंथ 'सीक्रेट डॉक्ट्रिन' अभी पूरा नहीं हुआ है, अतः इसे पूरा करने के लिए राधाबाई को कुछ समय इस संसार में रहना पड़ेगा। फिर गुरुदेव ने उन्हें लंदन पहुँचकर कुछ उच्च कोटि के शिष्यों को प्रशिक्षित करने को कहा है और यह काम भी अभी संपन्न नहीं हुआ है।

राधाबाई दो बार इसी प्रकार अस्वस्थता से मुक्त हो चुकी थीं, अतः उनके भक्तों को विश्वास था कि डॉक्टर कुछ भी कहें, लेकिन राधाबाई अभी उनके बीच रहेंगी। उनका यह विश्वास सत्य निकला। जो महिला उनकी देखरेख कर रही थी, वह रात में किसी रहस्यमय कारण से कुछ समय के लिए अचेत सी हो गई। उसकी आँखें उस समय खुलीं, जब सवेरा हो चुका था। उसने सोचा कि राधाबाई तो इस संसार में शायद ही हों। लेकिन जैसे ही महिला ने उनके बिस्तर की ओर देखा तो उसके आनंद की सीमा न रही; क्योंकि उसकी धारणा के विपरीत राधाबाई की

दो चमकती आँखें उसकी ओर देख रही थीं तथा उन्होंने अपनी दृढ़ आवाज में उस महिला को अपने पास बुलाया।

उस महिला ने पास जाकर पूछा, "क्या हुआ? आज तो आप कल से बहुत अच्छी दिखाई पड़ रही हैं।"

राधाबाई ने उत्तर दिया, "ठीक कहती हो। कल गुरुदेव यहाँ आए थे। उन्होंने मुझसे कहा कि यदि चाहो तो शरीर छोड़कर इस भौतिक कष्ट से मुक्त हो जाओ अथवा 'सीक्रेट डॉक्ट्रिन' ग्रंथ पूरा करने के लिए अभी कुछ समय और बनी रहो, लेकिन ध्यान रखो कि यदि जीवित रहना है तो सांसारिक कष्ट बहुत भोगने पड़ेंगे। ध्यान रहे कि गुरुदेव तो तिब्बत में ही रहते थे, लेकिन योगबल से कुछ क्षणों में जहाँ चाहते थे, पहुँच जाते थे।

"मैंने निष्ठावान, जिज्ञासु शिष्यों, संकटग्रस्त थियोसोफिकल सोसाइटी तथा अपूर्ण 'सीक्रेट डॉक्ट्रिन' पुस्तक पर विचार करते हुए अभी कुछ दिनों इस शरीर और इस संसार में बना रहना ही उचित समझा।"

इसके बाद राधाबाई ने उस महिला से नाश्ते और कॉफी की माँग की। जीवन और मृत्यु को नियंत्रित करनेवाले उन महात्मा ने राधाबाई को लोक-कल्याण करने के लिए पुनः आयु प्रदान कर दी।

□

ग्रंथ-लेखन की विलक्षण पद्धति

महान् योगिनी राधाबाई के जीवन का सबसे महत्त्वपूर्ण और रहस्यपूर्ण पक्ष है, उनके पुस्तक-लेखन की पद्धति। उन्होंने हजारों लेख और दर्जनों पुस्तकें लिखी थीं, जिनमें 'आइसिस अन्वेल्ड' तथा 'सीक्रेट डॉक्ट्रिन' दो ऐसे विशाल ग्रंथ हैं, जिन्होंने संसार के दार्शनिक-आध्यात्मिक क्षेत्र की पुस्तकों में अपना उल्लेखनीय स्थान बना लिया है। यद्यपि उनको लिखे हुए लगभग एक शताब्दी का समय हो गया है, लेकिन उनका महत्त्व आज भी नहीं घटा है।

जैसे राधाबाई का जीवन विलक्षण था, उसी प्रकार उनके ग्रंथों के लिखने की प्रक्रिया बड़ी विचित्र, अलौकिक और रोचक रही है। शायद ही संसार के किसी लेखक ने इतने विशाल ग्रंथ इनकी जैसी अद्‍भुत पद्धति से लिखे हों।

राधाबाई द्वारा अणु के विभाजन की घोषणा

राधाबाई की औपचारिक शिक्षा बहुत कम हो पाई थी, लेकिन अध्यात्म, दर्शन, विज्ञान, पुरातत्त्व आदि की जटिल गुत्थियों को उन्होंने अपने ग्रंथों में ऐसे सुलझाया है कि संसार के बड़े-बड़े विद्वान् चमत्कृत रह जाते हैं। उदाहरण के लिए, सौ वर्ष पूर्व वैज्ञानिकों की मान्यता थी कि अणु का विभाजन नहीं हो सकता है। किंतु राधाबाई ने अपनी पुस्तक 'सीक्रेट डॉक्ट्रिन' में वैज्ञानिकों की खोज के दस वर्ष पूर्व ही

लिख दिया था, "अणु लचीला है, अतः विभाजित हो सकता है और इसमें कण या उपकण होते हैं। अणुओं की अनंत विभाजनशीलता पर संपूर्ण ब्रह्मविज्ञान या ब्रह्मविद्या आधारित है।" उस समय वैज्ञानिकों ने इस क्रांतिकारी कथन की उपेक्षा की थी, किंतु वर्षों बाद वैज्ञानिक स्वयं इस विचार से सहमत हुए तथा अणु का विभाजन हुआ और विज्ञान के क्षेत्र में एक क्रांति हुई।

राधाबाई प्राचीन योगशास्त्र को उच्च स्तरीय विज्ञान मानती थीं। उन्होंने अपने ग्रंथों में इस तथ्य का विस्तार से प्रतिपादन किया है। दुर्भाग्य से उस समय के विद्वान् योग को कुछ मानते ही नहीं थे। आज संपूर्ण पश्चिमी जगत् में योग के लिए बहुत बड़ा आकर्षण पैदा हो गया है तथा योग पर अनेक विश्वविद्यालयों में अनुसंधान हो रहा है। कई स्थानों पर विज्ञान के रूप में इसके अध्ययन-अध्यापन की व्यवस्था हो गई है।

ऐसे सैकड़ों प्रसंग राधाबाई के ग्रंथों में भरे पड़े हैं, जिनको संसार अब स्वीकार करने को तैयार है। यहाँ प्रश्न यह उठता है कि एक अल्पशिक्षित महिला ऐसे वैज्ञानिक रहस्यों का विवेचन कैसे कर पाई, दार्शनिक समस्याओं का अधिकारी विश्लेषण कैसे कर पाई तथा पुरातात्त्विक जटिल प्रश्नों को कैसे सुलझा पाई? इस सबका एकमात्र उत्तर है कि उनके महान् योगी गुरु ने ऐसी योग-क्रियाएँ सिखा दी थीं, जिनसे उनके दिव्य ज्ञानचक्षु खुल गए थे। अतः वह जिस विषय का ज्ञान करने को इच्छुक होती थीं, वह उनमें स्वतः स्फूर्त हो जाता था। जो पुस्तक देखना चाहती थीं, वह संसार के किसी कोने में हो, उनकी आवश्यकता के पृष्ठ सिनेमा की रील की तरह उनकी आँखों के सामने से गुजरने लगते थे और जो ग्रंथों में नहीं उपलब्ध होता था, ऐसा ज्ञान गुरु-कृपा से उनके कानों को सुनाई पड़ने लगता था तथा कभी-कभी अलौकिक रीति से लिखित मेज में उनकी मेज पर आ जाता था।

ग्रंथ-लेखन के समय राधाबाई के शरीर में महात्माओं की आत्माओं का अवतरण

राधाबाई की इस अलौकिक लेखन-प्रक्रिया के अनेक प्रबुद्ध लोग साक्षी थे, जिन्होंने लिखित रूप में इस तथ्य को स्वीकार किया है। यहाँ कुछ ऐसे प्रसंग दिए जा रहे हैं, जिनसे लेखन की विलक्षण योग-पद्धति का परिचय प्राप्त होगा।

राधाबाई के अनन्य सहयोगी कर्नल आलकाट ने लिखा कि उनके ग्रंथ-लेखन में प्राय: उनके शरीर पर कोई अन्य शक्ति काम करने लगती थी। उस समय राधाबाई की मुद्रा, भाव-भंगिमा और लिपि तक भिन्न हो जाती थी। एक बार राधाबाई ग्रंथ-लेखन में संलग्न थीं। थोड़ी देर के लिए कमरे से बाहर चली गईं, लेकिन जब कमरे में वापस आईं तो स्पष्ट प्रतीत हो रहा था कि उनके शरीर पर किसी अन्य आत्मा का अधिकार है। वह अपने हाथ अपने मुख पर इस प्रकार फिरा रही थीं, जैसे कोई दाढ़ी-मूँछ वाला व्यक्ति करता है। कर्नल से बोले बगैर वह अपने लिखने में व्यस्त रहीं। कर्नल को समझने में देर नहीं लगी कि इस समय उनके गुरुदेव उनके शरीर में वर्तमान हैं, जिनके दाढ़ी-मूँछ हैं।

बाद में कर्नल को राधाबाई ने बताया था कि 'आइसिस अन्वेल्ड' लिखते समय सात महात्माओं की आत्माएँ उनके शरीर में आती थीं, जो आवश्यकता पड़ने पर लेखन में सहायता करती थीं। कर्नल ने पुस्तक की पांडुलिपि का संपादन करते समय देखा था कि अनेक स्थानों पर लिपियाँ, शैली आदि बहुत भिन्न थीं, यद्यपि पूरी पांडुलिपि राधाबाई ने स्वयं लिखी थी। ऐसी स्थिति में वह सो सी जाती थीं, अथवा अर्धचेतना की अवस्था में उनका सूक्ष्म शरीर उनके भौतिक शरीर से पृथक् होकर पास में ही लेट जाता था तथा दोनों शरीर सूक्ष्म तार जैसी वस्तु से जुड़े रहते थे। लेकिन इस समय वह स्पष्ट रूप से देख और सुन सकती थीं। उनको यह पूर्ण बोध रहता था कि उनके भौतिक शरीर पर जो भी आत्मा अधिकार किए है, वह उनके शरीर के माध्यम से क्या कर रही है।

हजारों वर्ष पुरानी घटनाओं का साक्षात् दर्शन

जब महात्मा लोग उनके माध्यम से नहीं लिखते थे, तो वे अन्य विचित्र तरीकों से लिखने में उनकी सहायता करते थे। उन्होंने अपनी बहन वीरा को लिखा था—"मैं इस समय 'आइसिस अन्वेल्ड' लिख नहीं रही, बल्कि नकल सी कर रही हूँ। वास्तव में मुझे स्पष्ट प्रतीत है कि एक प्राचीन देवी मुझे उन सहस्रों वर्ष पुराने भूभागों में ले जाती है, जिनके प्राचीन इतिहास के संबंध में मुझे लिखना होता है। मैं आँखें खोलकर बैठती हूँ और मेरे चारों ओर उन भूभागों का अतीत साकार हो उठता है। बिल्कुल वास्तविक और यथार्थ रूप दिखाई-सुनाई पड़ने लगता है। धीरे-धीरे शताब्दियों के इतिहास के आवश्यक दृश्य आँखों के सामने से निकलते रहते हैं।"

दुर्लभ ग्रंथ देखे बिना उनके उद्धरण देना

इस प्रकार राधाबाई को इतिहास का ज्ञान पुस्तकों, शिलालेखों आदि से न प्राप्त होकर प्रत्यक्ष-दर्शन द्वारा प्राप्त होता था। कभी-कभी प्रामाणिकता के लिए दुर्लभ या लुप्त प्राचीन ग्रंथों से उद्धरण देने की आवश्यकता होती थी तो उस पुस्तक का आवश्यक पृष्ट दिव्य-ज्योति के प्रभाव से उनकी आँखों के सामने आलोकित हो उठता था और वह उससे आवश्यक अंश कागज पर उतार लेती थीं। इस विचित्र पद्धति की कई बार जाँच की गई थी। कुछ लोगों ने किसी संग्रहालय में रखी किसी पुस्तक के किसी अंश को राधाबाई से उद्धरित करने को कहा, उन्होंने वह अंश लिखकर दे दिया। बाद में उस पुस्तक के उसी पृष्ठ की सामग्री को वहाँ से मँगाया गया, तो वह अक्षरशः राधाबाई द्वारा लिखित अंश से मिलता था।

राधाबाई इतने गंभीर ग्रंथ लिख रही थीं, जिनमें सैकड़ों प्राचीन ग्रंथों के उद्धरण देने होते थे, लेकिन वह पुस्तकों का बहुत कम उपयोग करती थीं। विद्वान् जॉर्ज मीड ने अपने एक संस्मरण में लिखा था—"मेरे

लिए सबसे रोचक बात यह है कि एच.पी.बी. (राधाबाई) अपनी पुस्तक में सुपरिचित ग्रंथों से उद्धरण नहीं देती हैं। मुझे आश्चर्य होता है, जो ग्रंथ पश्चिमी जगत् के लिए पूर्णतया अपरिचित, अज्ञात हैं, ऐसे ग्रंथों के मूल पाठ, अनुवाद और आशय उनको कैसे मिल जाते हैं।"

कभी-कभी राधाबाई के भक्तों के मन में इन उद्धरणों की प्रामाणिकता के संबंध में संदेह रहता होगा, अत: वह ऐसे भक्त से ही जाँच करने के लिए कहती थी। एक बार उन्होंने ऐसी ही पुस्तक के एक उद्धरण की जाँच के लिए एक अपनी प्रिय शिष्या से कहा। यह पुस्तक केवल पांडुलिपि के रूप में वैटिकन नगर के संग्रहालय में थी। शिष्या के एक परिचित वैटिकन नगर में रहते थे, अत: उसने उनको पत्र लिखकर उस पांडुलिपि का वह अंश नकल करके मँगवाया। राधाबाई का उद्धरण बिल्कुल ठीक था, केवल दो अक्षरों में कुछ गड़बड़ी थी, लेकिन मूल पांडुलिपि में भी वही दो अक्षर साफ नहीं थे तथा स्पष्ट रूप से पढ़े नहीं जा सके थे।

वैज्ञानिक हतप्रभ

लंदन के विख्यात प्राणिविज्ञानी, भूवैज्ञानिक और नृतत्वशास्त्री डॉ. सी. कार्टर ब्लेक उनके पास आया करते थे तथा प्रागैतिहासिक विषयों पर बात किया करते थे। उनको यह जानकर आश्चर्य हुआ कि जो स्त्री हाईस्कूल भी नहीं पास है, उसका वैज्ञानिक और प्रागैतिहासिक ज्ञान असाधारण है। वह प्रागैतिहास के अनेक विषयों पर राधाबाई के ज्ञान को अपने ज्ञान से श्रेष्ठ मानते थे। एक बार डॉ. ब्लेक ने ऐसी प्राचीन चट्टानों की उम्र पूछी, जिनका वह गंभीर भूवैज्ञानिक अध्ययन कर चुके थे। राधाबाई ने चट्टानों की उम्र बताई, लेकिन उनकी राय भूवैज्ञानिकों की मान्यता से भिन्न थी। यह राधाबाई के मन की सुखद कल्पना हो सकती है, ऐसा कहकर वैज्ञानिक टाल देते थे। डॉ. ब्लेक ने लिखा कि वैज्ञानिकों के मत कल्पना सिद्ध हुए और राधाबाई के ही कथन सत्य प्रमाणित हुए।

उनका तो यह कहना है कि 'सीक्रेट डॉक्ट्रिन' लिखे जाने के बहुत दिनों बाद उसके अनेक मतों-सिद्धांतों को वैज्ञानिकों को स्वीकार करना पड़ा।

आज भी वैज्ञानिक अपने अहं में राधाबाई की वैज्ञानिक उपलब्धियों तथा उनकी सूक्ष्म अंतर्दृष्टि को मुक्तकंठ से स्वीकार करने से संकोच करते हैं। कुछ भी हो, राधाबाई ने अपने कठोर परिश्रम और साधना से लुप्त या गुप्त ब्रह्मविज्ञान या योगविज्ञान को प्रस्तुत और प्रदर्शित करने का बड़ा स्तुत्य कार्य किया था।

बिना देखे पुस्तक की विषय-वस्तु बता देना

बिना देखे या पढ़े किसी पुस्तक की विषय-वस्तु बता देने के विषय में राधाबाई की शक्ति पर बाहर के लोग तो संदेह करते थे ही, उनकी छोटी बहन वीरा को भी पूर्ण रूप से विश्वास नहीं होता था। एक दिन राधाबाई की बैठक में कई लोगों के साथ वीरा भी बैठी थी। इसी समय नौकर नई डाक लेकर आया, उसमें एक पत्र रूस से उसके परिवार के किसी सदस्य का था। पते पर लिखावट देखकर राधाबाई ने अनुमान लगाया कि शायद यह पत्र परिवार का ही है। उन्होंने पत्र के संबंध में वीरा से जिज्ञासा व्यक्त की। पत्र अभी खोला नहीं गया था। वीरा ने तत्काल कहा, "तुम कहती हो कि तुममें अलौकिक शक्ति है। यदि ऐसा है तो बिना पत्र खोले और बिना पढ़े पत्र की विषय-वस्तु का पता लगा लो।"

राधाबाई ने लिफाफा लेकर अपने माथे में लगाया और कुछ क्षण बाद जोर-जोर से पत्र की सामग्री कहने लगी। फिर कागज-पेंसिल लेकर जो कहा था, उसे लिख दिया। उन्होंने कहा कि उनके अनुसार पत्र में अक्षरशः यही लिखा होना चाहिए। वीरा ने यह कागज पढ़ा और कहा कि पत्र में यह नहीं हो सकता, क्योंकि जिसका यह पत्र है, उसके लेखन में यह मुहावरा कभी नहीं होना चाहिए, जो राधाबाई ने अपने कागज के लेख में प्रयोग किया है। राधाबाई ने अपना लिखा कागज लेकर एक

शब्द के नीचे लाल रेखा खींची, एक–दूसरे शब्द के नीचे दो त्रिकोण, एक के ऊपर एक बना दिए।

अब राधाबाई ने कहा, "अब ये दोनों निशान भी पत्र में मिलेंगे, मैं ऐसा किए दे रही हूँ।"

इसके बाद उन्होंने चिट्ठी और अपने लिखे कागज को कुछ क्षण साथ–साथ रखा तथा हाथ रखकर कुछ क्षण ध्यान किया। इसके बाद वह पत्र खोला गया और उसे राधाबाई द्वारा लिखे कागज से मिलाया गया, तो दोनों में अक्षरश: समानता थी तथा लाल पेंसिल का निशान और त्रिकोण भी ठीक से बने थे। पत्र खोलने के पहले सबने अच्छी तरह जाँच–परख कर ली थी। उसमें किसी प्रकार की गड़बड़ी किए जाने की कोई गुंजाइश नहीं थी। इस प्रत्यक्ष प्रयोग से उपस्थित अनेक लोगों की समझ में आ गया कि राधाबाई किस प्रकार बिना किसी पुस्तक को देखे या पढ़े उससे उद्धरण प्राप्त कर लेती हैं।

राधाबाई की एक प्रिय शिष्या स्वीडन की थी। वह जाड़े की छुट्टियाँ बिताने इटली जा रही थी। उनके पास एक गंभीर पुस्तक की पांडुलिपि थी। उन्होंने सोचा कि यह रास्ते में पढ़ने लायक नहीं है, अत: इसे सुरक्षित अलमारी में रख देना चाहिए। लेकिन उनके कान में किसी अदृश्य सत्ता ने कहा कि इसे ले चलो। यह अंतर्ध्वनि अत्यंत स्पष्ट थी, अत: उसने इसे अपने बॉक्स में रख लिया। इटली पहुँचने के पूर्व वह अपनी परिचिता के यहाँ कुछ समय के लिए रुक गई। शिष्या को परिचिता से ज्ञात हुआ कि राधाबाई अकेली हैं तथा अस्वस्थ भी, अत: उनकी सहायता के लिए उनके पास उस शिष्या को अवश्य पहुँचना चाहिए। वह यथाशीघ्र उनके पास पहुँच गई। जब दोनों चाय पर बातें कर रही थीं तो राधाबाई ने कहा, "गुरुदेव का कहना है कि मुझे जिस पुस्तक की बहुत आवश्यकता है, वह तुम्हारे पास है।"

शिष्या ने समझा कि किसी छपी पुस्तक की बात होगी, अत: उसने कहा, "मेरे पास तो कोई पुस्तक नहीं है।"

राधाबाई ने उस पांडुलिपि का विषय बताया तथा कहा, "फिर सोच लो। गुरुदेव ने मुझसे कहा है कि कि जब तुम अपने घर से चल रही थीं, उसी समय उन्होंने तुमसे किताब ले जाने को कहा था।"

शिष्या दौड़कर दूसरे कमरे में गई और बक्से से किताब ले आई। राधाबाई ने पुस्तक छुई नहीं और कहा, "इस पांडुलिपि का दसवाँ पेज खोलो, उसकी छठी लाइन में अमुक शब्द होगा।" इतना कहकर दसवें पृष्ठ का अंश ही बिना पुस्तक के देखे पढ़ दिया। शिष्या ने दसवाँ पृष्ठ खोला, वही सामग्री थी, जो अभी राधाबाई ने पढ़ी थी तथा छठी लाइन में वही शब्द था, जो उन्होंने पहले ही बता दिया था।

शिष्या ने जिज्ञासा व्यक्त की, "जब आपको पहले से ही सब मालूम था तो पुस्तक मँगाने की क्या आवश्यकता पड़ी?"

राधाबाई ने केवल इतना कहा, "'सीक्रेट डॉक्ट्रिन' पुस्तक लिखने में इसकी आवश्यकता थी। गुरुदेव ने कहा कि यह तुम्हारे पास है और उन्होंने यह पुस्तक लाने को तुमसे कह दिया है। यदि पुस्तक सामने रहेगी तो संदर्भ देने में सुविधा रहेगी।"

ज्ञात हो कि यह अति प्राचीन पुस्तक कभी छपी नहीं थी। राधाबाई की शिष्या के मित्र ने कुछ समय पूर्व इसका अनुवाद पांडुलिपि के रूप में तैयार किया था, जिसकी जानकारी राधाबाई को नहीं थी। इस पुस्तक को उन्होंने कभी देखा या पढ़ा हो, इसकी कोई संभावना भी नहीं थी। चूँकि यह राधाबाई के लेखन के लिए आवश्यक थी, इसलिए उनके कृपालु गुरु ने अपनी दिव्य-दृष्टि से उसे देख लिया था तथा प्रेरणा देकर उन तक पहुँचवा दिया था। इस प्रकार से राधाबाई के परम गुरु पुस्तक-लेखन में अलौकिक रीति से उनकी सहायता करते थे।

अदृश्य महात्माओं द्वारा पुस्तक में संशोधन

राधाबाई जर्मनी में रहकर 'सीक्रेट डॉक्ट्रिन' ग्रंथ पूरा कर रही थीं। इन्हीं दिनों जर्मनी के एक विद्वान् उनके पास आकर ठहरे। राधाबाई रात

तक अपनी पुस्तक लिखती रहीं, फिर अपने शयनकक्ष में चली गईं। अतिथि महोदय अध्ययन-कक्ष में ही एक सोफे पर सो गए। सोने के पूर्व उन्होंने अपने कमरे के सब खिड़की-दरवाजे अच्छी प्रकार बंद कर लिये थे। उनके सोफे के पास ही राधाबाई की लिखने की मेज थी, जिस पर 'सीक्रेट डॉक्ट्रिन' की पांडुलिपि रखी थी, जिसे उन्होंने ध्यान से देखा था। उनके सोने के बाद न तो कोई कमरे में आया था और न स्वयं उन्होंने कमरा खोला था। जब वह सुबह सोकर उठे, तो मेज पर 'सीक्रेट डॉक्ट्रिन' को पांडुलिपि पर भिन्न प्रकार के कागजों का ढेर देखा। जब उन कागजों पर दृष्टि दौड़ाई तो उनको प्रतीत हुआ कि इन कागजों की हस्तलिपि तो तिब्बतवासी महात्मा के.एच. की है। वह अतिथि महोदय महात्मा के.एच. की हस्तलिपि से परिचित थे। यह कहने की आवश्यकता नहीं है कि जहाँ राधाबाई को किसी विषय पर लिखने में कठिनाई होती थी, वहाँ महात्मा स्वयं लिखकर अलौकिक रीति से वे पृष्ठ राधाबाई के पास पहुँचा देते थे। उन्हीं विद्वान् जर्मन का कहना था कि यदि राधाबाई की पांडुलिपि में किसी प्रकार के संशोधन की आवश्यकता होती थी तो महात्मा सूक्ष्म शरीर से आकर पांडुलिपि में संशोधन भी कर देते थे। उन्होंने महात्मा के.एच. की हस्तलिपि में संशोधित किए हुए अनेक पृष्ठ देखे थे।

महात्माओं द्वारा स्वप्न में विषय का बोध कराना

महात्माओं को अपनी शिष्या के रोगी शरीर का बहुत ध्यान था। वह नहीं चाहते थे कि अलौकिक रीति से सामग्री प्राप्त करने में उन्हें अनावश्यक श्रम करना पड़े। अतः उनके गुरुदेव ने पुस्तक के लिए सामग्री देने का एक नया तरीका निकाला था। उन्हें राधाबाई को जब कोई नया विषय समझाना होता था तो उनको सोते समय स्वप्न में पाठ्य-सामग्री दिखा देते थे। यह सामग्री लंबे-लंबे कागजों में लिखी होती थी, जिसे वह स्वप्न में ही पढ़ लेती थीं। राधाबाई ने स्वयं लिखा था कि अनेक प्राचीन विषयों का ज्ञान वह स्वप्न में प्राप्त कर लेती थीं। फिर दिन

में उसे स्मरण करके लिख लेती थीं। वैसे स्वप्न में देखे गए विषयों को पुन: स्मरण करके लिखना, यह भी एक असाधारण बात थी।

महात्मा लोग बड़े कठोर शिक्षक थे। वे पुस्तक लिखवाने में राधाबाई से बहुत अधिक श्रम कराते थे। वह बहुत दिनों के अध्यवसाय से ढेर सारा लिखकर रखती थीं और महात्मा उसे अस्वीकृत कर देते थे। वह भी उसे निस्संकोच फाड़ देती थीं या जला देती थीं। एक बार तो उनकी शिष्या ने दखा कि वह बार-बार एक पृष्ठ लिख रही हैं और हर बार उसे फाड़ देती हैं। जब शिष्या ने फाड़ने का कारण पूछा, तो उन्होंने कहा कि मैं जो लिख रही हैं, उससे गुरुदेव को संतोष नहीं हो रहा है, इसलिए उसे बार-बार फाड़ देती हैं। लेखन के संबंध में कितने सतर्क थे, वे महान् योगी और कितनी धैर्यवान थीं राधाबाई!

वास्तव में महात्मागण 'सीक्रेट डॉक्ट्रिन' पुस्तक द्वारा अति प्राचीन महान् गुप्त ज्ञान पश्चिमी संसार को देना चाहते थे, अत: वे नहीं चाहते थे कि ग्रंथ में कोई त्रुटि रहे। इसलिए वे संसार के प्रत्येक कोने से सामग्री प्राप्त करके राधाबाई को उपलब्ध कराते थे, सृष्टि के इतिहास का प्रत्येक पृष्ठ उनके सामने प्रस्तुत कर देते थे, गुप्त या लुप्त ज्ञान का योगबल से बोध करा देते थे और राधाबाई द्वारा लिखा प्रत्येक पृष्ठ स्वयं देख लेते थे। इसलिए 'सीक्रेट डॉक्ट्रिन' पुस्तक आज भी ऋषियों और मनीषियों द्वारा प्रदत्त महान् ज्ञान की अप्रतिम व्याख्या का विश्वकोश मानी जाती है।

हिमालय के महान् योगी राधाबाई के भौतिक शरीर की बार-बार रक्षा कर रहे थे, जिससे वह विश्व मानवता को अपना अद्भुत ग्रंथ दे सकें तथा भविष्य के लिए ऐसे शिष्यों को ब्रह्मविद्या में प्रशिक्षित कर सकें, जो महात्माओं के कार्य को चला सकें। महात्माओं को पूर्ण विश्वास था कि 'सीक्रेट डॉक्ट्रिन' ग्रंथ प्रकाशित होने से संसार के विभिन्न भागों के बुद्धिवादी और आध्यात्मिक लोगों के भ्रम दूर होंगे तथा वास्तविक जिज्ञासु ब्रह्मविद्या की ओर अवश्य आकर्षित होंगे।

□

योगिनी द्वारा व्यक्तित्व-परिवर्तन का अनोखा उदाहरण

सन् 1888 में यह महान् ग्रंथ 'सीक्रेट डॉक्ट्रिन' दो बड़ी जिल्दों में प्रकाशित हुआ तथा इसे पत्र-पत्रिकाओं एवं विद्वानों को समीक्षा और सम्मति के लिए भेजा गया। इंग्लैंड से एक महत्त्वपूर्ण पत्रिका 'रिव्यू ऑफ रिव्यूज' निकलती थी। इसके संपादक को जब 'सीक्रेट डॉक्ट्रिन' की प्रति समीक्षा के लिए मिली, तो उसकी पत्रिका के अनेक लेखकों में से कोई इस विशाल और गंभीर ग्रंथ की समीक्षा लिखने का साहस नहीं कर सका। इस कार्य के लिए संपादक का ध्यान एक ऐसी युवती की ओर गया, जो पुस्तक से संबंधित विषयों में विशेष रुचि रखती थी तथा लेखन और भाषण में बहुत दक्ष थी। अत: यह पुस्तक समीक्षा के लिए इसी युवती को दे दी गई।

एनी बेसेंट का राधाबाई के ग्रंथ के प्रति सम्मोहन

इस प्रबुद्ध और सुपठित युवती ने सृष्टि और मानव-जीवन के अनेक जटिल प्रश्नों पर बहुत चिंतन-अध्ययन किया था तथा अनेक उच्च कोटि के विद्वानों से विचार-विमर्श भी किया था; लेकिन उसे कहीं संतोषजनक उत्तर नहीं प्राप्त हुआ था, जिससे उसका मन बहुत उद्विग्न रहता था। एक दिन उस युवती को एकांत और शांति के क्षणों में निश्चित रूप से यह वाणी सुनाई पड़ी, "धैर्य रखो, दिव्य प्रकाश तुम्हारे सन्निकट

है।" इस संदेश के प्राप्त होने के पंद्रह दिन बाद 'सीक्रेट डॉक्ट्रिन' पुस्तक उसे समीक्षा के लिए मिली।

यह ग्रंथ पढ़कर वह मंत्रमुग्ध हो गई। उसने संपादक को समीक्षा लिखकर भेजने के पूर्व एक टिप्पणी भेजी, जो इस प्रकार थी—

"मैं मदाम ब्लावतस्की (राधाबाई) के ग्रंथ 'सीक्रेट डॉक्ट्रिन' में पूर्ण रूप से डूबी हुई हूँ। यदि इसकी समीक्षा करने में मेरे शरीर का अंत हो जाए, तो मेरी समाधि के पत्थर पर अवश्य लिखा देना कि वह स्वयं प्रत्यक्ष रूप से गुप्त सिद्धांतों (सीक्रेट डॉक्ट्रिन) की खोज में गई है।"

उस परम जिज्ञासु युवती ने बाद में लिखा था—"जैसे-जैसे मैं 'सीक्रेट डॉक्ट्रिन' पुस्तक के पृष्ठ के बाद पृष्ठ पढ़ती जाती थी, मेरा आकर्षण अधिकाधिक बढ़ता जा रहा था, लेकिन विषय मुझे सुपरिचित प्रतीत हो रहा था तथा मुझे निष्कर्ष का आभास पहले ही से कैसे होने लगता था। यह ज्ञान कितना स्वाभाविक था, कितना सूक्ष्म था, फिर भी कितना सुबोध था। मेरे सारे संभ्रमों, कूट प्रश्नों और समस्याओं का निराकरण होता सा प्रतीत होने लगा। दिव्य ज्योति का उदय हो चुका था और इस अप्रत्याशित आलोक से मुझे ज्ञात हो गया कि कष्ट-साध्य खोज समाप्त हो चुकी तथा सत्य की उपलब्धि हो गई है।"

एनी बेसेंट का ग्रंथ-लेखिका के प्रति आकर्षण

युवती ने सोचा कि समीक्षा लिखने के पूर्व इस महान् ग्रंथ की लेखिका राधाबाई का साक्षात्कार कर लेना उचित होगा, अतः वह युवती राधाबाई के एक सुपरिचित के साथ उनके दर्शन करने उनके लंदन के निवास स्थान पर पहुँची। युवती को देखते ही उन्होंने सम्मोहक वाणी में कहा—

"मेरी प्यारी, श्रीमती बीसेंट (एनी बेसेंट), मैं तो बहुत समय से तुमसे मिलने की इच्छा कर रही थी।"

इस एक वाक्य ने ही सुशोभन, संभ्रांत, सुशिक्षित युवती के संपूर्ण

व्यक्तित्व को आंदोलित कर दिया। यह युवती वही थी, जो बाद में अगाध ज्ञान, ओजस्वी भाषण कला, विशाल लेखन, अनन्य भारतीयता-प्रेम के लिए संपूर्ण विश्व में श्रीमती एनी बेसेंट के नाम से सुविख्यात हुई।

एनी बेसेंट ने राधाबाई के दिव्य-नीलाभ नेत्रों में झाँकने का प्रयास किया। उन नेत्रों में अलौकिक तेज था, अहेतुक स्नेह था, अगाध ज्ञान था। एनी बेसेंट के हृदय में एक अभूतपूर्व संवेगात्मक हलचल सी होने लगी। वह खड़ी नहीं रह सकीं, कुरसी में बैठ गईं। उनका आपाद-मस्तक, रोम-रोम, शिरा-शिरा अवर्णनीय अनुभति से अभिभूत सा था, उनकी समस्त इंद्रियाँ शिथिल सी हो रही थीं, उनका संपूर्ण ज्ञान तिरोहित सा हो रहा था, उनकी सुपरिचित वाग्मिता कुंठित सी हो रही थी। वह यंत्रचालित सी उठीं, राधाबाई के पवित्र चरणों के निकट घुटनों के बल बैठ गईं और उनके हाथों अपने को समर्पित कर दिया, फलतः उनके शरीर में रहस्यात्मक चेतना का संचार हो गया, संसार निस्सार प्रतीत होने लगा, शीतल वायु तन-मन को आवृत्त करने लगी।

इस ऐतिहासिक और अलौकिक दर्शन-मिलन के बाद जब वह अपने निवास-स्थान पर गईं, तो उनको एक उदात्त भावावेश सा बना रहा, आनंद की धारा प्रवाहित होती रही तथा हृदय किसी अज्ञात तत्त्व के लिए व्याकुल रहा।

भावी शिष्या की परीक्षा

एनी बेसेंट कुछ ही समय बाद पुनः राधाबाई के पास पहुँचीं। उनको एनी बेसेंट के भावों को समझने में देर नहीं लगी। वह समझ गई कि यह इंग्लैंड के प्रमुख समाजवादियों की सक्रिय सहयोगिनी विख्यात विचारक ब्रैडला के नास्तिक-दर्शन की प्रचारक तथा धर्मनिरपेक्षता की कट्टर समर्थक आज पूर्ण रूप से परिवर्तित होकर सर्वथा विपरीत मार्ग पर चलने का निश्चय करके आई है, अर्थात् वह नास्तिकता से आस्तिकता, भौतिकता से आध्यात्मिकता, लौकिकता से पारलौकिकता की ओर

अग्रसर होने का दृढ़ संकल्प कर चुकी है। लेकिन राधाबाई पर्याप्त परीक्षा लेकर (जैसा अधिकांश गुरु करते हैं) अपने मार्ग में दीक्षित करना चाहती थीं। अत: उन्होंने बीसेंट से एक प्रश्न किया—

"क्या तुमने उस रिपोर्ट को पढ़ा है, जो मेरे संबंध में सोसाइटी फॉर साइकिकल रिसर्च (मानसिक अनुसंधान समिति) ने प्रसारित की है।"

एनी बेसेंट ने उत्तर दिया, "जहाँ तक मुझे ज्ञात है, मैंने इसके विषय में कहीं सुना भी नहीं है।"

राधाबाई ने कहा, "जाओ और इसे पढ़ो, पढ़ने के बाद ठीक समझना तो पुन: मेरे पास आना।"

राधाबाई के अनेक विरोधी थे। उन्हीं लोगों ने मनोवैज्ञानिक अनुसंधान के नाम पर राधाबाई के चमत्कारों पर प्रहार किया था। यह अनर्गल प्रलाप 'सोसाइटी फॉर साइकिकल रिसर्च' की रिपोर्ट के नाम से प्रकाशित हुआ था।

एनी बेसेंट वह रिपोर्ट लेकर अपने घर गई, उसे ध्यान से पढ़ा। लेकिन उसमें इतने विरोधाभास थे तथा उसके सूचना प्राप्त करने के स्रोत इतने अप्रामाणिक थे कि यह उनके मन पर कोई बुरा असर नहीं डाल सकी तथा राधाबाई के संबंध में उनकी सुंदर धारणा को किंचित् भी परिवर्तित नहीं कर सकी। इसके विपरीत उनके मन में राधाबाई के प्रति और अधिक सहानुभूति, स्नेह और आदर के भाव उत्पन्न हो गए। एनी बेसेंट ने झूठ, षड्यंत्र, कुत्सा, द्वेष, आदि से भरी उस रिपोर्ट को पढ़कर फेंक दिया तथा रिपोर्ट लिखनेवालों की कुबुद्धि पर एक अट्टहास किया।

एनी बेसेंट का गुरु के प्रति पूर्ण समर्पण

दूसरे दिन एनी बेसेंट थियोसोफिकल सोसाइटी के कार्यालय में गईं और एक सदस्यता फॉर्म लेकर भरा तथा सदस्यता का प्रमाण-पत्र प्राप्त किया और सीधे राधाबाई के निवास-स्थान पर पहुँचीं।

राधाबाई उस समय अपने कक्ष में अकेली थीं। एनी बेसेंट सीधे

उनके निकट पहुँचीं तथा बिना एक शब्द बोले राधाबाई के मस्तक को चूमकर अपनी अडिग श्रद्धा पुनः व्यक्त की।

राधाबाई ने प्रश्न किया, "क्या थियोसोफिकल सोसाइटी की सदस्यता स्वीकार कर ली है?"

उत्तर था, "हाँ।"

फिर प्रश्न, "क्या वह रिपोर्ट पढ़ ली है?"

एनी बेसेंट ने फिर संक्षेप में कहा, "हाँ।"

राधाबाई ने कहा, "अच्छा।"

इस वार्त्ता के बाद एनी बेसेंट उनके घुटनों के पास झुकीं तथा उनके दोनों हाथों को श्रद्धा के साथ अपने हाथों में लेते हुए तथा उनकी आँखों की ओर देखते हुए कहा, "क्या आप मुझे अपनी शिष्या के रूप में स्वीकार करेंगी तथा क्या मुझे यह गौरव प्रदान करेंगी कि मैं संसार के समक्ष आपको अपना गुरु घोषित कर सकूँ?"

वह दृश्य बड़ा मार्मिक और हृदयस्पर्शी था। एक ओर राधाबाई को संसार के लोगों की दृष्टि में आडंबरी, मिथ्यावादी और धूर्त सिद्ध करने का सुनियोजित षड्यंत्र हो रहा था और दूसरी ओर यूरोप की सर्वाधिक प्रगतिशील, मेधावी, विचारवान और लोकप्रिय महिला अपने संपूर्ण गौरवमय अतीत तथा असाधारण उपलब्धियों को त्यागकर योगिनी राधाबाई के चरणों में झुकी याचना कर रही थी तथा उनका शिष्यत्व स्वीकार करके गौरवान्वित होना चाहती थी।

राधाबाई निष्कपट हृदया एनी बेसेंट की सरलता, स्नेह और श्रद्धा से भाव-विभोर हो गई तथा उनके कपोलों पर आनंदाश्रु ढुलकने लगे। उन्होंने अपना वरदहस्त एनी बेसेंट के सिर पर रखते हुए कहा—

"तुम एक दिव्य महिला हो, मेरे गुरुदेव तुमको आशीर्वाद दे रहे हैं।"

एनी बेसेंट के नास्तिक से आस्तिक हो जाने पर तथा संसार की

सर्वाधिक रहस्यवादी, किंतु विवादास्पद योगिनी राधाबाई के शिष्य बन जाने का समाचार विशेषत: इंग्लैंड तथा यूरोप के अन्य देशों में बहुत तेजी से फैल गया। उनके मूर्धन्य मित्र और सहयोगी, जैसे सिडनी बेब, जॉर्ज बर्नार्ड शॉ, ग्राहम बालाज, चार्ल्स ब्रैडला, आदि आश्चर्यचकित रह गए। ख्याति, सम्मान और विद्वत्ता के इतने ऊँचे शिखर पर पहुँचकर पूर्ण रूप से नई दिशा की ओर शुभारंभ करना किसी की समझ में नहीं आ रहा था। उनके साथियों ने उन्हें बहुत समझाया-बुझाया, लेकिन कोई राधाबाई के दिव्य प्रभाव को समाप्त नहीं कर सका।

अप्रतिम गुरु की अपूर्व शिष्या

एनी बेसेंट पूरे उत्साह से थियोसोफिकल सोसाइटी के कार्यों में जुट गईं। राधाबाई को ऐसी निष्ठावान, परिश्रमी और कुशाग्र शिष्या पाकर थियोसोफी का भविष्य उज्ज्वल प्रतीत होने लगा। विचारों के प्रचार-प्रसार के लिए नई-नई योजनाएँ बनने लगीं। सोसाइटी के कार्यालय के लिए उपयुक्त भवन नहीं था, अत: एनी बेसेंट ने अपना सुंदर घर ही दे दिया। वहीं राधाबाई के निवास की व्यवस्था कर दी। उनकी सुविधा के समस्त साधन जुटा दिए गए। सोसाइटी के क्रियाकलाप बड़ी द्रुत गति से आगे बढ़ने लगे। एनी बेसेंट के शिष्य बनने से राधाबाई के प्रति लोगों में और अधिक जिज्ञासा बढ़ गई।

यूरोप, अमेरिका, आयरलैंड, रूस, भारत, जापान आदि देशों के भक्तगण राधाबाई के पास मार्गदर्शन प्राप्त करने के लिए आने लगे।

एनी बेसेंट की सक्रियता और प्रतिभा से प्रभावित होकर के राधाबाई ने थियोसोफी की वैचारिक पत्रिका का उनको सह-संपादक बना दिया! छह महीने के अंदर ही वह 'ब्लावतस्की लाज' की अध्यक्ष बना दी गईं तथा थियोसोफिकल सोसाइटी के अपीलेट बोर्ड की सदस्य नियुक्त हो गईं। इन दिनों उनका सार्वजनिक जीवन और लेखन नगण्य रहा। वह ब्रह्मविद्या तथा अपने गुरु के तत्त्व-दर्शन को समझने का प्रयास करती

रहीं। वह जब ब्रह्मविद्या के संबंध में पूर्ण आश्वस्त हो गईं, तो सन् 1886 में 'मैं क्यों ब्रह्मविद्यावादी हो गई' (ह्वाई आई बिकेम ए थियोसोफिस्ट) पुस्तिका लिखी, जिसमें उन्होंने घोषित किया—

"मेरी दृष्टि में जो सत्य प्रतीत हो रहा है, उसे आपके समक्ष प्रस्तुत करने की मैं अनिवार्य विवशता अनुभव कर रही हूँ। भले ही मेरे सत्य कथन से कोई प्रसन्न हो या अप्रसन्न—कोई मेरी निंदा करे या प्रशंसा मुझे केवल सत्य-निष्ठा को अविकृत रखना है। चाहे मेरे मित्रगण मुझसे छूट जाएँ या मानवीय संबंध टूट जाएँ। वह (राधाबाई) मुझे मरुस्थल की ओर ले जाएँ, फिर भी मुझे उनका अनुसरण करना है, वह मुझे संपूर्ण प्यार से वंचित कर दें, फिर भी मुझे उनसे अनुग्रह करना है, यदि वह मेरे प्राणों का अंत कर दें तो भी मुझे उनके प्रति आस्था रखनी है। मेरी मृत्यु के बाद समाधि पर केवल यही लिखा होना चाहिए—'उसने सत्य के अनुसरण का प्रयास किया।' और एनी बेसेंट का सत्य था—वेदों के अपौरुषेय विचार, उपनिषदों का तत्त्व-दर्शन, गीता का ज्ञान, भारत के प्राचीन ऋषियों की अमर वाणी, आदि। राधाबाई ने अपने भारतीय योगी गुरु से जो कुछ प्राप्त किया था, उसका आभास मात्र एनी बेसेंट को हो पाया था। भारतीय ब्रह्मविद्या के कुछ कणों ने ही उनके समग्र व्यक्तित्व को आंदोलित कर रखा था, लेकिन यहाँ यह कहना भी अनिवार्य प्रतीत होता है कि एनी बेसेंट की जैसी सत्यनिष्ठा, अध्यात्म-भावना, ज्ञान-पिपासा और गुरु-भक्ति भी दुर्लभ है।

एनी बेसेंट की अनन्य निष्ठा के कई कारण भी थे। उन्हें राधाबाई का पवित्र प्रेम तो प्राप्त ही था, साथ-साथ उन्हें हिमालयवासी महान् योगी महात्मा मौर्य ने अपने विशिष्ट साधना-मंडल के सदस्य के रूप में स्वीकार कर लिया था तथा प्रत्यक्ष दर्शन देकर गौरवान्वित भी किया था।

एनी बेसेंट को पेरिस में महात्मा के दर्शन

श्रीमती एनी बेसेंट को जुलाई 1876 में श्रम-सम्मेलन में भाग लेने

पेरिस जाना था। वह विशेष आग्रह करके राधाबाई को भी अपने साथ ले गईं। एक रात को दोनों अगल–बगल के कमरों में ठहरी थीं। अचानक रात में वह जागकर अपने बिस्तर पर बैठ गईं। उनके कमरे की हवा में सक्रियता हो गई, बिजली की तरंगें सी उठने लगीं और इसी वातावरण में एक भारतीय महात्मा का जाज्ज्वल्यमान स्वरूप एनी बेसेंट के नेत्रों को दृष्टिगोचर हुआ। उन्हें समझने में देर नहीं लगी कि ये महात्मा मौर्य हैं, जो अपने सूक्ष्म शरीर से उनके कक्ष में अवतरित हुए हैं। एनी बेसेंट उनका चित्र देख चुकी थीं तथा राधाबाई से उनके अलौकिक रूप से प्रकट होने की बात भी सुन चुकी थीं। अत: वह आनंद–विह्वल हो गईं और अपना मुखमंडल महात्माजी के वक्षस्थल में रख दिया। उन्होंने एनी बेसेंट को आशीर्वाद देकर कृतार्थ किया। राधाबाई के असीम स्नेह के कारण परमगुरु महात्मा मौर्य, एनी बेसेंट को पेरिस के प्रवास में दर्शन देने पधारे थे। यद्यपि एनी बेसेंट को दीक्षित हुए दो महीने ही हुए थे, लेकिन उनको यह अनुपम सौभाग्य प्राप्त हो गया था। वास्तव में राधाबाई का शरीर जर्जर हो चुका था। उनके गुरुदेव कुछ विशेष उद्देश्यों से उनके शरीर की बार–बार रक्षा करने को विवश हो रहे थे। इस तथ्य से स्वयं राधाबाई भी परिचित थीं, इसलिए राधाबाई के उत्तराधिकारी का निश्चय होना नितांत आवश्यक था। निस्संदेह दिव्य–दृष्टि वाले महात्माओं ने बहुत पहले ही एनी बेसेंट को खोज लिया होगा। उनकी ही प्रेरणा से 'सीक्रेट डॉक्ट्रिन' पुस्तक पढ़कर एनी बेसेंट घोर नास्तिक से कट्टर आस्तिक हो गईं और राधाबाई के प्रथम दर्शन में ही जीवन की समस्त लौकिक उपलब्धियों को त्यागकर उनकी शिष्या बन गईं। यह सब साधारण मानवीय कार्य नहीं था, अपितु अलौकिक शक्तियों का चमत्कार ही था।

□

शरीर-त्याग की अद्‌भुत कथा

अपने देहांत के कुछ मास पूर्व राधाबाई ने बातों-बातों में अपनी एक शिष्या को यह संकेत दे दिया कि वह अधिक दिन जीवित नहीं रहेंगी।

कुछ क्षण स्तब्ध रहने के बाद उस शिष्या ने एक प्रश्न किया था—"आपके बाद आपका स्थान कौन लेगा?"

उत्तराधिकारी का चयन

राधाबाई ने कुछ क्षण उसकी ओर एकटक देखा और उत्तर दिया, "एनी बेसेंट! यह गुरुदेव का कथन है, लेकिन यह बात किसी को बताना नहीं।"

शिष्या ने आश्चर्य व्यक्त करते हुए टिप्पणी की, "लेकिन वह शुष्क और बुद्धिवादी महिला आपका स्थान कैसे ले सकती है?"

राधाबाई ने मुसकराते हुए उत्तर दिया था, "उसकी आत्मा उद्‌घाटित होगी और सुंदर तथा कोमल हो जाएगी। वह जनता के निकट पहुँचने योग्य हो जाएगी। उसका भाषाओं पर, विशेष रूप से अंग्रेजी पर अधिकार है। अत: जितना मैंने काम किया है, उससे कहीं अधिक वह काम करेगी।"

महात्माओं और राधाबाई का थियोसोफिकल सोसाइटी के भावी नेतृत्व का निर्णय पूर्ण रूप से सही निकला। राधाबाई के बाद सोसाइटी के संचालन-सूत्र एनी बेसेंट के हाथों में आए और उनके कार्यकाल

में थियोसोफिकल सोसाइटी असाधारण उपलब्धियाँ कर सकी। वह केवल कुशल नियोजक और संयोजक ही नहीं प्रमाणित हुईं, अपितु वह उच्च कोटि की साधिका और योगिनी भी मानी गईं। वह थियोसोफिकल सोसाइटी के सर्वाधिक महत्त्वपूर्ण विभाग 'इसोटेरिक स्कूल' (अलौकिक ज्ञान समिति) की अध्यक्षा हुईं तथा अगणित लोगों को उनके द्वारा आध्यात्मिक माधना में मार्गदर्शन प्राप्त हुए। किसी ने उनके लिए ठीक ही लिखा था—"एनी बेसेंट ने मनुष्यों का निर्माण किया।"

राधाबाई ने अपनी मृत्यु के कुछ सप्ताह पूर्व अमेरिका के महत्त्वपूर्ण थियोसोफिकल सोसाइटी जज को लिखा था—"वह (एनी बेसेंट) अद्भुत महिला है, मेरा दाहिना हाथ है, मेरी उत्तराधिकारिणी होगी, जब मैं तुम लोगों को छोड़ने के लिए विवश होऊँगी।"

एनी बेसेंट की कुशाग्रता पर विचार व्यक्त करते हुए राधाबाई ने कहा था—

"थियोसोफिकल सोसाइटी की अलौकिक ज्ञान समिति (इसोटेरिक सोसाइटी) के सर्वाधिक अंतरंग वर्ग की सदस्या बने हुए एनी बेसेंट को बहुत थोड़ा समय हुआ है, लेकिन वह सबको बहुत पीछे छोड़ गई है। वह बुद्धिवादी है, फिर भी वह एकांत में होती है तो गुरुदेव की वाणी सुनती है, उनका प्रकाश देखती है तथा उनकी वाणी को पहचानती है।"

थियोसोफिकल सोसाइटी की 'अलौकिक ज्ञान समिति' (इसोटेरिक सोसाइटी) संक्षेप में ई.एस. की सदस्यता प्राप्त करना बहुत कठिन था। इसमें पर्याप्त परीक्षा के बाद ही कोई व्यक्ति लिया जाता था। इसके सदस्य के लिए उच्च आध्यात्मिक चेतना तथा गंभीर जिज्ञासा आवश्यक थी। इस समिति की एक और अंतरंग समिति थी, जिसकी सदस्यता उन्हीं लोगों को प्रदान की जाती थी, जो साधना के क्षेत्र का विशेष ज्ञान प्राप्त करने के अधिकारी समझे जाते थे। यद्यपि प्रशासकीय कार्यों के लिए थियोसोफिकल सोसाइटी के अध्यक्ष कर्नल आलकाट थे,

लेकिन अलौकिक ज्ञान समिति (ई.एस.) की अध्यक्षा राधाबाई ही रहीं। महात्माओं ने कुछ विशेष लोगों को उच्च आध्यात्मिक प्रशिक्षण प्रदान करने योग्य केवल राधाबाई को ही माना था। राधाबाई तथा उनके गुरु ने यह सर्वाधिक महत्त्वपूर्ण कार्य इस नई शिष्या को दे दिया था। राधाबाई के लिखित आदेश इस प्रकार थे—"मैं गुरुदेव के नाम पर एनी बेसेंट को अलौकिक ज्ञान समिति के अंतरंग वर्ग की मुख्य सचिव तथा शिक्षाओं की संग्राहक नियुक्त करती हूँ।"

शरीर-त्याग का संकेत

राधाबाई के जीवन की संध्या निकट है—इसका उनको स्वयं निश्चित ज्ञान था। वह अपने गुरु द्वारा निर्दिष्ट कार्यों को संपन्न कर चुकी थीं—उनका महान् ग्रंथ 'सीक्रेट डॉक्ट्रिन' पूरा हो चुका था, कुछ विशिष्ट व्यक्तियों को प्रशिक्षित कर चुकी थीं और उत्तराधिकारी का चयन हो चुका था। महात्मागण उनके जराजीर्ण भौतिक शरीर से काम लेकर उनको अधिक संत्रस्त नहीं करना चाहते थे।

सन् 1886 में एक महिला भक्त लंदन के निवास में उनके दर्शन करने आई थीं। वह अमेरिका जा रही थीं। उनसे स्पष्ट शब्दों में राधाबाई ने कहा था, "सुनो, अब हम इन शरीरों में कभी नहीं मिलेंगे।" मर्माहत होते हुए उस महिला ने प्रश्न किया—"क्या मैं यह बात सबको बता दूँ?"

राधाबाई ने तत्काल कहा, "तुम्हें किसी को नहीं बताना है। लेकिन जब तुम अमेरिका से लौटकर आओगी, तो तुम मेरे इस शरीर को इस संसार में नहीं पाओगी।"

राधाबाई की भविष्यवाणी सत्य निकली। वह सन् 1861 के अप्रैल महीने में अस्वस्थ हुईं। डॉक्टरों ने जाँच के बाद इंफ्लुएंजा बताया। यद्यपि यह कोई गंभीर बीमारी नहीं थी, फिर भी उनकी देखरेख बहुत सावधानी से की जाने लगी। डॉक्टरों ने चिकित्सा का अथक प्रयास किया, लेकिन उनकी अवस्था में कोई सुधार नहीं हुआ। अंत में डॉक्टरों ने उनकी दशा

को बहुत गंभीर घोषित करके निराशा व्यक्त कर दी; क्योंकि उनकी निर्बलता बड़ी तेजी से बढ़ रही थी।

भक्तगण डॉक्टरों की राय से विशेष चिंतित नहीं थे। वे गुरुदेव की कृपा से राधाबाई को कई बार मृत्यु के मुख से बच जाते देख चुके थे। उन्हें विश्वास था कि वह इस बार भी उनकी रक्षा करेंगे। वस्तुत: उन लोगों को राधाबाई के जीवन के अंतिम पक्ष का बिल्कुल आभास नहीं था।

राधाबाई को अब भयंकर ब्रांकाइटिस हो गई थी। साँस लेने में कष्ट था। किसी स्थिति में आराम नहीं मिलता था। कभी झुककर बैठती थीं और कभी लेटती थीं। 7 मई, 1891 की रात बहुत कष्ट में बीती। 8 मई को प्रात:काल उनको कुछ आराम मिला। डॉक्टरों ने देखकर कहा कि अभी कोई विशेष खतरा नहीं है।

जीवन की अंतिम घड़ी

डॉक्टर के जाने के बाद 8 मई को ही 11:30 प्रात:काल उनकी दशा देखकर देखरेख करनेवाला शिष्य घबरा गया। उसने घर में जो और लोग थे, उनको बुलाया। वह कुरसी में झुकी बैठी थीं। यद्यपि उनकी चेतना बिल्कुल क्षीण नहीं हुई थी, लेकिन उनकी आँखों की स्वाभाविक चमक बहुत धीमी पड़ गई थी।

इस समय उनके पास उनके परमप्रिय शिष्यों, मित्रों, सहयोगियों में से कोई उपस्थित नहीं था। एनी बेसेंट अमेरिका यात्रा से लौटते हुए मार्ग में थीं। कर्नल आलकाट ऑस्ट्रेलिया के दौरे पर थे। जज अमेरिका में थे। लंदन के अन्य भक्त दुर्योग से वहाँ थे नहीं। यह भी राधाबाई की माया ही थी। जिनको वह अधिक स्नेह करती थीं, यदि वे निकट होते तो उनको मोह उत्पन्न होता और शरीर छोड़ने में असुविधा होती। वह सच्चे योगी की भाँति शांति में प्राण त्यागना चाहती थीं।

उनकी देखरेख के लिए घर में केवल तीन व्यक्ति थे—शिष्या लारा कूपर, शिष्य बाल्टर ओल्ड तथा सी.एफ. राइट। लारा ने उनके झुकते

हुए सिर को अपने हाथों में साधा तथा राइट और ओल्ड ने घुटने के बल पर एक-एक हाथ थाम लिया। शिष्यगण राधाबाई के निर्बल गरीर को सुविधा प्रदान करने के लिए ऐसा कर रहे थे। यद्यपि उनके मनों में अंतिम क्षणों तक कोई अलौकिक चमत्कार होने की आशा थी। किंतु राधाबाई स्वयं इस संत्रासक संसार में रहने की इच्छुक नहीं थीं। उनके योग्य यहाँ कोई कार्य भी शेष नहीं था। इस समय तो उन्हें गोलोकवासी ऋषियों, मुनियों, योगियों की पवित्र आत्माएँ अपनी ओर आकर्षित कर रही थीं, जहाँ उन्हें शाश्वत आनंद का आस्वादन करना था, जहाँ उन्हें सांसारिक माया से मुक्ति प्राप्त करनी थी तथा जहाँ उन्हें आत्मोन्नति के उदात्ततम मार्ग की ओर अग्रसर होना था।

राधाबाई ने अंतिम समय उपस्थित तीनों शिष्यों को निराश करते हुए अपने शरीर का परित्याग कर दिया। शरीर शीतल हो गया, श्वास अवरुद्ध हो गई, नेत्रों की सक्रियता समाप्त हो गई। कक्ष में हताशा और शांति परिव्याप्त हो गई, लेकिन उपस्थित भक्तों के हृदयों में बड़वानल प्रज्वलित हो उठा। उन्हें बोध हो गया कि प्राचीन भारतीय महान् ज्ञान की अप्रतिम व्याख्याता, योगशास्त्र की अद्‌भुत आचार्या, समग्र मानवता की अनन्य पथ-प्रदर्शिका तथा शिष्यों की अलौकिक संरक्षिका की दिव्य आत्मा अपनी नश्वर काया को परित्यक्त करके स्वर्गारोहण कर चुकी है। अब उन्हें उस देवी का भौतिक सान्निध्य नहीं प्राप्त होगा, उसकी अमृतमयी वाणी का प्रत्यक्ष आनंद नहीं मिलेगा तथा अलौकिक घटनाओं के साक्षात् अनुभव का सुख नहीं उपलब्ध होगा। शांति! चिर शांति!!

विश्व की महान् अलौकिक प्रतिभा की भौतिक काया निश्चय ही निष्क्रिय, निस्पंद थी, लेकिन उसका सूक्ष्म शरीर सहस्रों मील की यात्रा करके अपने विशिष्ट सहयोगियों और प्रियजनों को अपने अस्तित्व का स्पष्ट बोध करा रहा था।

मृत्यु के बाद आत्मीय जनों को संकेत

जिस समय कर्नल आलकाट ऑस्ट्रेलिया में एक सभा में भाषण कर रहे थे, उनको कुछ अशुभ संकेत हुआ था। उन्होंने अपनी डायरी में लिखा था—

"विषाद, क्षति और रिक्तता की गहरी अनुभूति हुई है, एक अलौकिक संकेत प्राप्त हुआ है। लगता है कि एच.पी.बी. (राधाबाई) महाप्रयाण कर गई हैं।"

राधाबाई ने बारह वर्ष पूर्व अपनी मौसी को एक भारतीय नग लगी अँगूठी भेंट की थी। इस अँगूठी का नग पीले रंग का था, किंतु न जाने क्यों वह बिल्कुल काला पड़ गया था। मौसी के मन में यह विश्वास हो गया था कि निकट भविष्य में कोई अशुभ घटना अवश्य होने वाली है।

उनकी शिष्या ने लंदन से एक पत्र लिखा था, जिसमें यह सूचित किया गया था कि राधाबाई की स्थिति चिंताजनक है। रूस में यह पत्र पढ़कर उनके परिवार के एक सदस्य ने कह दिया कि वह ठीक हो जाएँगी, किंतु उसके यह कहते ही घर में विचित्र घटनाएँ होने लगीं। एक भयानक धमाका हुआ। ऐसा लगा, मानो घर की कोई दीवार धराशायी हो गई। लोग भयभीत होकर चारों ओर घूमकर देखने लगे कि आखिर हुआ क्या? पूरे घर में कोई चीज गिरी या टूटी-फूटी नहीं दिखाई पड़ी। वहाँ उपस्थित महिलाएँ घटना पर विचार करने बैठीं तो एक महिला ने दूसरी से कमरे के अँधेरे की ओर संकेत करते हुए कहा, "मैं उसे देख रही हूँ। वह वहाँ है। वह सफेद वस्त्रों में है, सिर पर सफेद फूल हैं।"

वास्तव में इसी रूप में ठीक दो दिन पूर्व राधाबाई को शव-पेटिका में रखा गया था।

उनके परिवार की महिलाएँ इस घटना के बाद भी किसी निष्कर्ष पर नहीं पहुँच पा रही थीं। घर में विचित्र ध्वनियाँ लगातार हो रही थीं। जब पत्र द्वारा उनके देहावसान का समाचार प्राप्त हो गया तो शोरगुल समाप्त हो गया तथा उस काली हो गई अँगूठी का रंग भी सामान्य हो गया।

हिंदू-विधि से शव का संस्कार

राधाबाई का जन्म ईसाई परिवार में हुआ था। जब वह दो दिन की भी नहीं थीं तो उनको ईसाई धर्म की दीक्षा देने के लिए पादरी आया था। दीक्षा-कर्म प्रारंभ ही हुआ था कि पादरी के कपड़ों में आग लग गई थी और दीक्षा-कर्म अधूरा रह गया था। वयस्क होने पर जब उनको हिंदू गुरु का दर्शन प्राप्त हो गया था, तो वह अपने को सर्वांशतः सनातनी हिंदू मानने लगी थीं। हिंदू आदर्शों के अनुसार उनका जीवन अखंड ब्रह्मचारिणी, सिद्ध योगिनी, निष्णात् वेदांती का हो गया था। अतः उनके देहावसान के बाद उनका पार्थिव शरीर ईसाई-पद्धति से भूमि में दफनाया नहीं गया, अपितु हिंदू-पद्धति से उसका दाह-संस्कार 11 मई, 1891 को दक्षिणी इंग्लैंड के बोकिंग नामक स्थान में संपन्न हुआ। उनके शरीर की पवित्र भस्म श्रद्धापूर्वक 'थियोसोफिकल सोसाइटी' के कार्यालय में सुसज्जित कलश में लाई गई। बाद में इसके तीन भाग किए गए। एक इंग्लैंड में रहा, दूसरा भारत गया तथा तीसरा अमेरिका गया।

सिद्ध योगिनी राधाबाई ने स्थूल से सूक्ष्म की ओर प्रयाण किया, अनित्य से नित्य की ओर प्रस्थान किया।

□

विश्व-इतिहास की युगांतरकारी विभूति

सांसारिक व्यवस्था में किसी व्यक्ति के गुण-दोषों के सम्यक् मूल्यांकन का सर्वोत्तम साधन मृत्यु है। मनुष्य के दिवंगत होने पर उसके कट्टर विरोधी भी कुछ समय के लिए उसके संबंध में निष्पक्ष रूप से विचार करने के लिए विवश होते हैं।

राधाबाई अपने जीवन-काल में बहुत अधिक विवादास्पद रही थीं। जहाँ विश्व के विभिन्न भागों में उनके सहस्रों भक्त, शिष्य और प्रशंसक थे, वहीं दूसरी ओर उनके विराट् व्यक्तित्व और कृतित्व की आलोचना करनेवालों की भी संख्या कम नहीं थी। लेकिन राधाबाई ने शरीर त्याग करके समर्थकों और आलोचकों दोनों को तटस्थ चिंतन के लिए बाध्य कर दिया।

राधाबाई का देहावसान के बाद की दीर्घ अवधि में उनके व्यक्तित्व और कार्यों के विश्लेषण के सैकड़ों व्यक्तियों ने प्रयास किए हैं। उन पर सैकड़ों लेख, दर्जनों ग्रंथ, अनेक शोध-प्रबंध लिखे गए हैं। सबको यह स्वीकार करना पड़ा है कि वह संसार की महान् महिला थीं, युग-निर्मात्री थीं, भविष्यद्रष्टा थीं।

भारत चिरऋणी रहेगा

राधाबाई का भारत सदा ऋणी रहेगा। उन्होंने रूस में एक संपन्न संभ्रांत परिवार में जन्म लिया, लेकिन भारतीय धर्म, अध्यात्म, दर्शन

और संस्कृति के प्रति एक रहस्यमय, जन्मजात आकर्षण होने के कारण समस्त भौतिक सुखों को तिलांजलि देकर अपने हिंदू गुरु के आदेश पर साधना का अत्यंत कंटकाकीर्ण मार्ग अपना लिया; लक्ष्य प्राप्ति के लिए हिमालय की दुर्गम घाटियों, जंगलों, गुफाओं में भटकती रहीं; तिब्बत के अगम्य योग-आश्रमों में तप करती रहीं; प्राचीन ऋषियों के गुप्त ज्ञान को आत्मसात् करने के लिए कठोर श्रम करती रहीं; फिर इस दुर्लभ ज्ञान को मानवता के कल्याण के लिए संपूर्ण विश्व में प्रचारित-प्रतिष्ठित करने के लिए जीवनपर्यंत अथक संघर्ष करती रहीं। भारतीय संस्कृति, ब्रह्मविद्या और तत्त्व दर्शन से पश्चिमी मानस को परिचित कराने का जो अप्रतिम कार्य उन्होंने किया, वह इतिहास में सदा स्वर्णाक्षरों में अंकित रहेगा।

राधाबाई के विराट् व्यक्तित्व का आंशिक प्रतीक उनके द्वारा संस्थापित थियोसोफिकल सोसाइटी है, जो विगत एक शताब्दी से सनातन आर्य धर्म के विविध आयामों के उद्घाटन का अतुलनीय कार्य कर रही है। इस संस्था ने भारतीय धर्म, अध्यात्म, दर्शन, संस्कृति के सहस्रों दुर्लभ ग्रंथों को खोजकर संगृहीत किया, सैकड़ों प्राचीन ग्रंथों का विद्वानों से संपादन कराके तथा अंग्रेजी में उनकी टीका-समीक्षा लिखाकर प्रकाशित किया, विगत सौ वर्षों से ब्रह्मविद्या संबंधी मासिक पत्र 'दि थियोसोफिस्ट' को अबाध रूप से प्रकाशित करके भारतीय ज्ञान को प्रसारित करने का अनुपम कार्य किया, उच्चकोटि के साधकों और सिद्धों के अनुभव ग्रंथ रूप में प्रस्तुत करके भारतीय आध्यात्मिकता के विकास में अभूतपूर्व योगदान किया, सुयोग्य आध्यात्मिक पुरुषों के नेतृत्व में साधना-मंडलों का संचालन करके लाखों दिकभ्रमित या जिज्ञासुओं को आत्म-साक्षात्कार के प्रशस्त मार्ग पर अग्रसर होने के लिए प्रेरित किया, सहस्रों भाषण मालाओं और सैकड़ों सम्मेलनों द्वारा अध्यात्म विद्या का गहन ज्ञान अगणित लोगों को प्रदान किया।

हठयोग, राजयोग, ध्यानयोग, कर्मयोग, ज्ञानयोग, भक्तियोग, तंत्र,

वेद, उपनिषद्, वेदांत, धर्मशास्त्र, ज्योतिष, दर्शन, संगीतशास्त्र, नाट्य-शास्त्र, काव्यशास्त्र, आदि विभिन्न विषयों पर संस्कृत के प्राचीन ग्रंथों की अंग्रेजी टीकाएँ राधाबाई द्वारा संस्थापित थियोसोफिकल सोसाइटी के कारण ही पाठकों को मिल सकी हैं तथा पश्चिम ने इन्हीं ग्रंथों के माध्यम से वेदव्यास, मनु, पतंजलि, शंकराचार्य, रामानुजाचार्य, नागार्जुन आदि के कृतित्व से परिचय प्राप्त किया है। यह स्तुत्य कार्य आज भी अनवरत रूप से चल रहा है। भारत की किसी धार्मिक या प्रकाशन संस्था ने अंग्रेजी में इतने महत्त्वपूर्ण ग्रंथों का प्रकाशन नहीं किया है। भारत के महात्माओं ने मठ-मंदिरों में करोड़ों रुपया व्यय किया, लेकिन भारतीय ऋषियों-मुनियों और आचार्यों के उदात्त ज्ञान को विश्व के कोने-कोने में पहुँचाने का सुनियोजित प्रयास नहीं किया। विदेश में जनमी राधाबाई ने इस अभाव की पूर्ति करके भारतीय संस्कृति की अनन्य सेवा की है, जिसके लिए प्रत्येक भारतीय तथा संसार का प्रत्येक ब्रह्मविद्या-प्रेमी सदा ऋणी रहेगा।

भारत के सांस्कृतिक-राष्ट्रीय जागरण की प्रेरक

राधाबाई ने केवल भारत की आध्यात्मिक चेतना को जाग्रत् करने का ही काम नहीं किया, अपितु उन्होंने भारत के राष्ट्रीय-सांस्कृतिक पुनरुद्धार में भी अमित योगदान किया। अंग्रेजों की दासता से मुक्त करानेवाली संस्था 'अखिल भारतीय राष्ट्रीय कांग्रेस' की स्थापना उनकी अलौकिक प्रेरणा से ही थियोसोफी के उत्साही कार्यकर्ता सर ए.ओ. ह्यूम ने की थी। उन्हीं की शिष्या एनी बेसेंट इसी कांग्रेस की अध्यक्षा हुईं तथा जेल भी गईं। उनके कारण सहस्रों थियोसोफिस्ट कांग्रेस में आए तथा देश की जनता में राष्ट्र-प्रेम और आत्मगौरव जाग्रत् हुआ। देश के बड़े-बड़े राष्ट्रीय नेता उनसे प्रभावित हुए थे। महात्मा गांधी ने लिखा है—"जब डॉ. एनी बेसेंट भारत आईं और देश को सम्मोहित कर लिया तो मैं उनके निकट संपर्क में आया।" पं. जवाहरलाल नेहरू ने लिखा—"मेरे जीवन की सर्वाधिक महत्त्वपूर्ण घटना वह दिन है, जब मैं पहली बार एनी बेसेंट

से मिला। मैं उनका निष्ठावान प्रशंसक बन गया। भारत उनका विशेष रूप से ऋणी है। उनके महान् व्यक्तित्व ने हमें बहुत प्रभावित किया। भारत के स्वतंत्रता संग्राम में उनका विशेष योगदान है।" महामना पं. मदनमोहन मालवीय ने लिखा था—"डॉ. एनी बेसेंट विश्व की विभूतियों में थीं। भारतीय धर्म, शिक्षा तथा स्वतंत्रता के लिए उनकी बहुमूल्य सेवाएँ हैं।" सी. राजगोपालाचारी ने भी कहा, "भारत के निर्माण में जिनका तात्त्विक योगदान है, उन महानतम व्यक्तियों में एनी बेसेंट एक हैं।" एनी बेसेंट में भारत-प्रेम तथा भारतीय योगविद्या के प्रति अभिरुचि केवल राधाबाई ने उत्पन्न की थी, उनको ऐतिहासिक कार्य करने के लिए थियोसोफिकल सोसाइटी का मंच राधाबाई ने प्रदान किया था तथा इस विशाल आयोजन के लिए जनता की मानसिक भावभूमि राधाबाई ने तैयार की थी।

राधाबाई के पूर्व भारत में मुसलमानों तथा अंग्रेज शासकों की नीति के कारण स्वयं भारतीय अपनी महान् धार्मिक-आध्यात्मिक परंपरा के प्रति उदासीन हो गए थे। विशेष रूप से पश्चिमी संस्कृति से प्रभावित भारतीय लोग तो अपने ही धर्म, योग, तंत्र, अध्यात्म आदि को शुद्ध आडंबर मानते थे। जब राधाबाई के प्रयासों से संभ्रांत और बुद्धिवादी पश्चिमी लोग इस ओर आकर्षित होकर भारत के प्राचीन ज्ञान का गुणगान करने लगे, तो यहाँ के लोगों को अपने वास्तविक स्वरूप का बोध हुआ, अपनी गौरवपूर्ण संस्कृति का ज्ञान हुआ तथा अपने महान् पूर्वजों पर गर्व हुआ। दिग्भ्रमित युवा मोहनदास करमचंद गांधी को सर्वप्रथम राधाबाई के माध्यम से 'गीता' का महत्त्व अनुभव हुआ, हिंदू धर्मग्रंथों के अनुशीलन की प्रेरणा प्राप्त हुई तथा जीवन की दिशा परिवर्तित करने का अवसर मिला।

पश्चिमी देशों के लोग अपने अज्ञान या भौतिक उपलब्धियों के मद में प्राचीन भारतीय ज्ञान का उपहास करते थे। राधाबाई ने पश्चिमी भाषा और शैली में इस प्राचीन ज्ञान को आधुनिक वैज्ञानिक संदर्भ में प्रस्तुत करके उनका भ्रम और अज्ञान दूर किया। राधाबाई तथा उनके सहयोगियों,

भक्तों, शिष्यों, समर्थकों ने भारतीय विद्या के समर्थन में प्रबल आंदोलन प्रारंभ करके तथा भाषणों, लेखों, ग्रंथों आदि द्वारा अभिनव चेतना उत्पन्न करके ऐतिहासिक-सांस्कृतिक कार्य किया। पश्चिमी भूभाग में भारतीय संस्कृति की प्रतिष्ठा के लिए ऐसा साहसिक, सुनियोजित, सुचिंतित कार्य किसी अन्य व्यक्ति द्वारा नहीं किया गया था। फलतः सहस्रों पश्चिमी बुद्धिवादी इस भारतीय ब्रह्मविद्या और भारत के पक्षपोषक हो गए। कर्नल एच. आलकाट, कविवर इर्विन अरनोल्ड, महाकवि डब्ल्यू.बी. ईट्स, एनी बेसेंट, दार्शनिक लाडबीटर, कांग्रेस के संस्थापक ए.ओ. ह्यूम, क्यू. जज आदि जाने कितने नामों का इस संदर्भ में उल्लेख किया जा सकता है। यह विश्व-इतिहास की साधारण घटना नहीं थी, अपितु एक चिरस्मरणीय वैचारिक क्रांति थी।

पश्चिम के भारतीय संस्कृति संबंधी भ्रमों की निर्मूलक

प्राचीन भारतीय योगविद्या, तंत्रशास्त्र आदि के विकास में, भारत में विदेशी शासन होने के कारण, एक गत्यावरोध उत्पन्न हो गया था। मुसलमान शासकों की हिंदू-धर्म-संहारक नीति के कारण महात्मा, योगी और संत निर्जन पर्वतों की गुफाओं में रहकर अनुकूल समय की प्रतीक्षा कर रहे थे। उनका समाज और जनता से प्रत्यक्ष संपर्क नहीं रहा था। अतः योग और तंत्र का महान् ज्ञान अरण्यवासी महात्माओं तथा गुफाओं या अँधेरी कोठरियों में छिपाकर रखी गई पोथियों तक ही सीमित रह गया था। सात-आठ सौ वर्ष के इस दुर्भाग्यपूर्ण व्यवधान ने योग की अलौकिक शक्तियों तथा उसके व्यावहारिक पक्ष के संबंध में पर्याप्त अज्ञान और भ्रम उत्पन्न कर दिया था। स्वयं भारतीय लोगों का यह विश्वास क्षीण हो गया था कि योग सर्वोपरि विज्ञान है, इससे अनेक असंभव काम संभव हो सकते हैं, सृष्टि के रहस्यों का अधिक सरलता से परिचय प्राप्त किया जा सकता है तथा परम सत्य की उपलब्धि करके जीवन के वास्तविक लक्ष्य को पाया जा सकता है। राधाबाई ने योग का

पुस्तकीय ज्ञान प्राप्त करके संतोष नहीं किया, बल्कि परम सिद्ध हिंदू योगी गुरु की कृपा से हिमालय स्थित योगाश्रम में रहकर चमत्कारी योगविद्या का व्यावहारिक ज्ञान प्राप्त किया, शास्त्रों में वर्णित योग-विभूतियों पर अधिकार प्राप्त किया तथा उन्हें अविश्वासी लोगों के समक्ष प्रत्यक्ष रूप से प्रदर्शित करने की सहज क्षमता अर्जित की। राधाबाई के माध्यम से पहली बार सार्वजनिक रूप से पश्चिमी जगत् ने भारतीय योगविद्या के अलौकिक चमत्कार देखे, उनकी सब तरह से परीक्षा की तथा उनके वास्तविक महत्त्व को समझा। उन्होंने सहस्रों पश्चिमी शंकालु व्यक्तियों को प्रत्यक्ष रूप से अनुभव कराया कि योगशक्ति संपन्न व्यक्ति सहस्रों मील दूर बैठे व्यक्ति से क्षण भर में संपर्क कर सकता है। संसार के किसी कोने में पल भर में पहुँच सकता है, कोई वस्तु किसी स्थान में उत्पन्न कर सकता है, विश्व के किसी पुस्तकालय में रखी किसी पुस्तक की सामग्री अक्षरशः प्रस्तुत कर सकता है, किसी प्राचीनतम घटना या वस्तु के इतिहास को चित्रपट की तरह प्रदर्शित कर सकता है, मात्र ध्यान करके ही प्राकृतिक पदार्थों के गुण बता सकता है, दिवंगत व्यक्तियों की आत्माओं से संपर्क कर सकता है तथा उनको नियंत्रित कर सकता है। राधाबाई के इस प्रकार के चमत्कारी प्रदर्शनों से प्राचीन योगविद्या की पुनः प्रतिष्ठा को बहुत बल प्राप्त हुआ। आज पश्चिम के अधिकांश देशों में जनता योग के पीछे दौड़ रही है। वहाँ के विश्वविद्यालयों में योग पर गंभीर अनुसंधान कार्य हो रहे हैं। सैकड़ों योगाश्रमों में भारतीय योगियों द्वारा पश्चिमी लोग योग की शिक्षा प्राप्त कर रहे हैं। इस सबकी भूमिका पश्चिम में राधाबाई ने ही बनाई थी, पश्चिमी मस्तिष्कों को योग की ओर आकर्षिक करने का वास्तविक शुभारंभ कर्मयोगिनी राधाबाई ने किया। जीवन के परमोच्च लक्ष्य की ओर भौतिकतावादी पाश्चात्य बुद्धिवादियों को उन्मुख करने की महान् साधना-पद्धति की व्यावहारिक प्रक्रिया का प्रारंभिक परिचय ज्ञानयोगिनी राधाबाई ने ही कराया।

कालजयी कृतियों की प्रणेता

राधाबाई सोलहवीं शताब्दी की विश्व की महान् दार्शनिक और आध्यात्मिक लेखिका हैं। उनका संपूर्ण लेखन ग्यारह बड़ी-बड़ी जिल्दों में प्रकाशित हुआ है, जिनमें 'आइसिस अन्वेल्ड' और 'सीक्रेट डॉक्ट्रिन' ग्रंथ तो अनुपम हैं। ये लगभग विगत सौ वर्षों से विद्वानों, जिज्ञासा तथा भारतीय ब्रह्मविद्या-प्रेमियों के प्रेरणास्रोत रहे हैं तथा भविष्य में भी बने रहेंगे। ये ग्रंथ नहीं, पिपासुओं के लिए ज्ञान के महासागर हैं तथा अज्ञानांधकार से पीड़ित लोगों के लिए प्रकाश-स्तंभ हैं। कर्नल आलकाट ने कहा था, "आइसिस अन्वेल्ड तो युगांतरकारी रचना है, लेकिन 'सीक्रेट डॉक्ट्रिन' इससे भी अधिक महान् है। यह एक शाश्वत कृति है।" 'सीक्रेट डॉक्ट्रिन' के संबंध में एक विचारक ने लिखा था, "भौतिकतावादी एक बंद गली में पहुँचकर भटक रहे हैं, लेकिन इस पुस्तक को पढ़कर आधुनिक वैज्ञानिक शोधकर्ता नए मार्ग को पा सकेंगे।" राधाबाई के ग्रंथों का महत्त्व इस तथ्य से जाना जा सकता है कि उनके पाठक आज भी हैं, उनके भाष्य आज भी लिखे जा रहे हैं तथा उन पर शोध आज भी हो रहे हैं।

महान् मानवतावादी दार्शनिक

राधाबाई ने संसार का कई बार भ्रमण किया था, विभिन्न देशों के धर्म-दर्शनों का सूक्ष्म अध्ययन किया था, उच्चकोटि के अध्यात्मवेत्ताओं से विचार-विमर्श किया था और अंत में इस निष्कर्ष पर पहुँची थी कि प्राचीन भारतीय धर्म, दर्शन, आध्यात्मिक विद्या, योगशास्त्र, जीवन-पद्धति ही परम तत्त्व या शाश्वत सत्य या स्थायी सुख प्राप्त करने का मार्ग प्रशस्त कर सकते हैं। अतः उन्होंने वेदों, उपनिषदों, षड्दर्शनों आदि में व्यक्त किए गए उदात्त विचारों से आधुनिक युग के संदर्भ में तत्त्व-दर्शन का निर्माण किया था। यह दर्शन-प्रणाली प्राचीन होते हुए भी अभिव्यक्ति की दृष्टि से नवीन है। इसमें प्राचीन शास्त्रीय ग्रंथों की जटिलता नहीं है, सहज बोध गम्यता है; इसमें सांप्रदायिक दुराग्रह नहीं

है, समन्वयात्मकता है; इसका लक्ष्य सीमित नहीं है, विराट् है। राधाबाई ने स्वयं स्वीकार किया था, "गुप्त विद्या (सीक्रेट डॉक्ट्रिन) युगों-युगों का संचित ज्ञान है।"

राधाबाई ने अपने शिष्यों के लिए आदर्श निश्चित किए थे, जिनसे उनके व्यावहारिक दर्शन का परिचय मिलता है—

"सत्य को अपने समक्ष रखो, स्वच्छ जीवन, उन्मुक्त मस्तिष्क, शुद्ध हृदय, जिज्ञासु बुद्धि, अप्रच्छन्न आध्यात्मिक दृष्टि, विश्व बंधुत्व का भाव, परामर्श और निर्देश देने और लेने की तत्परता, गुरु के प्रति निष्ठा।"

थियोसोफिकल सोसाइटी के तीन प्रमुख उद्देश्य घोषित किए गए थे—

1. प्रजातीय या सांप्रदायिक भेदभाव से रहित सार्वभौम बंधुत्व की स्थापना करना।
2. आर्य साहित्य, धर्म, विज्ञान और दर्शन के अनुशीलन का संवर्धन करना।
3. प्रकृति के अज्ञात नियमों तथा मनुष्य में छिपी शक्तियों का अनुसंधान करना।

उपर्युक्त आदर्शों और उद्देश्यों पर विचार करने पर स्पष्ट होता है कि उनके दर्शन का लक्ष्य सत्य का साक्षात्कार करना है तथा इसके लिए वह भारतीय ऋषियों, मुनियों द्वारा प्रस्तुत प्रणाली को ही श्रेष्ठ मानती हैं, अतः उनका दर्शन और अध्यात्म सर्वांशतः भारतीय है।

एक विदेशी महिला का हिंदू धर्म और दर्शन पर अधिकार करना असाधारण घटना है। अमेरिकन कलाकार और विचारक एडमंड रसेल ने लिखा था कि एच.पी.बी. (राधाबाई) के भाषण सुनकर ऐसा प्रतीत होता है कि उन्हें 108 उपनिषदों का संपूर्ण रूप से ज्ञान था।

संक्षेप में, हम कह सकते हैं कि राधाबाई प्राचीन भारतीय अध्यात्म

दर्शन और विज्ञान की अप्रतिम व्याख्याकार हैं, लुप्त ब्रह्मविद्या की अलौकिक उद्घाटक हैं, तथा परार्थवादी ज्ञान की अनन्य शिक्षक हैं।

सहस्रों व्यक्तियों की प्रेरणास्रोत

राधाबाई का दर्शन एकांगी नहीं है, केवल आत्मा-परमात्मा की व्याख्या नहीं करता है, अपितु यह विविध आयामी है, इसलिए उन्होंने विभिन्न क्षेत्रों की मूर्धन्य प्रतिभाओं को आकर्षित, प्रभावित या प्रेरित किया था। पुरातत्त्ववेत्ता और प्राणिविज्ञानी डॉ. सी. कार्टर ब्लैक, प्रसिद्ध वैज्ञानिक विलियम क्रुक्स एफ.आर.एस., लार्ड क्राफोर्ड एफ.आर.एस., श्रेष्ठ पत्रकार तथा 'पाल-माल गजट' पत्र के संपादक डब्ल्यू. टी. स्टीड, विख्यात रहस्यवादी कवि डब्ल्यू.वी. ईट्स, प्रसिद्ध कथाकार आस्कर बाइल्ड, कलाकार एडमंड रसेल, लेखक जार्ज मीड, पायनियर के संपादक ए.पी. सीनेट, आदि ऐसे अनेक यशस्वी व्यक्तियों के नामों का उल्लेख किया जा सकता है, जो उनके शिष्य या सहयोगी नहीं थे, लेकिन उनके दर्शन और परिप्रेक्ष्य से पर्याप्त लाभान्वित हुए।

महान् संत

सांसारिक लोगों की दृष्टि में राधाबाई रहस्यवादी महिला, गंभीर तत्त्ववेत्ता, उत्साही ब्रह्मविद्या प्रचारक तथा यशस्वी लेखिका मात्र थीं, लेकिन उनके सन्निकट रहनेवाले गंभीर साधकों को ज्ञात था कि उनका वास्तविक स्वरूप एक सिद्ध संत का था, हृदय एक योगिनी का था तथा स्वभाव एक महात्मा का था।

सत्य की उपासना उनका परम धर्म था। उन्होंने अपने शिष्यों को प्रथम शिक्षा बताई थी—सत्य को अपने समक्ष रखो। वह सत्य के लिए अपना जीवन बलिदान करने को प्रस्तुत रहती थीं। जर्मनी-प्रवास के समय कुछ विरोधी उनकी सिद्धियों के संबंध में मिथ्या आरोप लगाकर उनको सरकार से दंडित कराने का षड्यंत्र कर रहे थे। राधाबाई के मित्रों

ने उनसे जर्मनी से चले जाने का आग्रह किया, लेकिन उन्होंने अपने शुभचिंतकों को स्पष्ट उत्तर दिया, "मैं पलायन नहीं करूँगी। यदि वे (षड्यंत्रकारी) मुझे शूली पर लटकाना चाहते हैं तो उनको वैसा करने दो। उनके पागलपन का यह उपयुक्त अंत होगा।"

अमेरिका के प्रेतात्मावादी थियोसोफिकल सोसाइटी की स्थापना में बहुत सहयोग दे रहे थे, लेकिन उनकी अनेक मिथ्या और भ्रामक धारणाएँ थीं, जिनसे राधाबाई सहमत नहीं थीं। अत: सोसाइटी के उद्घाटन के दिन ही उनकी धारणा का खंडन किया, जिससे अमेरिका में सोसाइटी जन्म के तुरंत बाद ही बिखरने लगी। क्योंकि अधिकांश सदस्य खंडन से अप्रसन्न होकर पृथक् हो गए थे। राधाबाई ने प्रेतात्मावादियों के असत्य से समझौता नहीं किया, संस्था का प्रधान कार्यालय अमेरिका से भारत स्थानांतरित कर दिया।

यद्यपि वह जन्म से ईसाई थीं, लेकिन उन्हें इस धर्म में जो दोष परिलक्षित हुए, उन पर खुलकर प्रहार किया, जिसके कारण उनको बहुत कष्ट उठाना पड़ा। सारे संसार के ईसाई-संगठन उनके विरुद्ध हो गए। लेकिन वह विषम से विषम स्थितियों में झुकी नहीं। वह जीवनपर्यंत हिंदू अध्यात्म विद्या की श्रेष्ठता को प्रमाणित करती रहीं।

संत का निर्भीक होना अनिवार्य गुण है। उनका संपूर्ण जीवन निर्भीकता और साहसिकता का अनुपम उदाहरण है। वह सत्रह वर्ष की अवस्था में ही परम सत्य की खोज के लिए पति, पिता, नाना, नानी, आदि से विद्रोह करके विश्व में भ्रमण करने एकाकी निकल पड़ीं। महिला होते हुए भी वह पहाड़ों, जंगलों, गुफाओं, आदिवासियों, तांत्रिकों, जादूगरों में घूमती रहीं। ऐसी निर्भयता और साहसिकता सत्य के सच्चे उपासक में ही संभव हो सकती है।

अपरिग्रह और वैराग्य की मूर्ति

राधाबाई में जन्म से ही वैराग्य-वृत्ति थी। वह भौतिक सुख, धन, वैभव के प्रति कभी आकर्षित नहीं हुईं। पिता सेना के उच्च अधिकारी, नाना गवर्नर और पति वाइस गवर्नर थे। वह राजसी सुख में सरलता से जीवन व्यतीत कर सकती थीं, लेकिन परम तत्त्व की प्राप्ति के लिए इन सबकी पूर्ण उपेक्षा कर दी। कालांतर में जब वह स्वयं अनेक चमत्कारी शक्तियों से युक्त हो गईं, तो धन-वैभव उनको सरलता से उपलब्ध हो सकता था, लेकिन उन्होंने अपनी अलौकिक क्षमताओं का व्यक्तिगत स्वार्थों के लिए कभी उपयोग नहीं किया। वह सच्चे संत की भाँति कठोर परिश्रम करके अपनी निजी आवश्यकताओं के लिए धन उपार्जित करती थीं। उनके गुरु उनके पास परोपकार के लिए धन रख देते थे, किंतु वे उसे व्यक्तिगत उपयोग में कभी नहीं लाती थीं। जब कभी लेखन आदि के माध्यम से उनका निजी धन प्राप्त हो जाता था तो उसे मुक्तहस्त होकर व्यय करता थीं, भविष्य की कभी चिंता नहीं करती थीं। संग्रह उनके स्वभाव में नहीं था, अपरिग्रह उनकी वृत्ति सी थी।

एक बार उनकी छोटी बहन ने उनसे आग्रह किया कि वह अपने चमत्कारी और प्रभावशाली व्यक्तित्व का उपयोग करके धन उपार्जित करें तथा सुखी जीवन व्यतीत करें। राधाबाई ने उसको जो उत्तर दिया था, वह उनके महान् संत-स्वभाव का परिचायक है। उन्होंने कहा था—

"मैं तुमसे इतना कह सकती हूँ कि इस जीवन में निर्धन होना हमारे और तुम्हारे कर्मों का फल है। यदि मैं अपनी पवित्र योग-शक्तियों का उपयोग अपने को समृद्ध बनाने के लिए करूँगी, तो मैं अपने दोनों जीवन नष्ट करूँगी, अर्थात् केवल वर्तमान जीवन ही नहीं, बल्कि आगे शताब्दियों तक मुझे कष्ट उठाना पड़ेगा। अरे, पैसे के लिए इतना तीन-तिकड़म क्यों करना ? मेरे गुरु सदा ध्यान रखते हैं कि मेरी आवश्यकताओं के लिए पर्याप्त धन प्राप्त होता रहे। भगवान् को धन्यवाद है कि मेरी

सांसारिक आवश्यकताएँ बहुत सीमित हैं, अत: मैं धन के लिए अपने को क्यों बेचूँ? मुझे अपनी सीमित शक्ति को 'धनोपार्जन' के निरर्थक कार्यों में नष्ट नहीं करना है।"

राधाबाई परम दयालु और उदार थीं। यदि उनके पास धनाभाव से पीड़ित व्यक्ति आ जाता था, तो जो कुछ भी उनके पास होता था, उसे दे देती थीं। एक बार उन्हें ज्ञात हुआ कि एनी बेसेंट निर्धनों के कल्याण के लिए कोष एकत्र कर रही हैं। उन्होंने श्रीमती बीसेंट को लिखा, "मेरे पास अपने केवल 30 शिलिंग हैं, जिनको मैं दे सकती हूँ। तुम बिना एक शब्द भी कहे इनको ले जाओ। इससे 30 भूख से पीड़ित निर्धनों को भोजन प्राप्त हो जाएगा।" निर्धनता पर गर्व करना साधारण बात नहीं है। ऐसे महान् उदार विचार उच्चकोटि के संत के मुख से ही सुनने को मिल सकते हैं।

निष्काम कर्मयोगिनी

राधाबाई निष्काम कर्मयोगिनी थीं। उन्होंने आधी शताब्दी से अधिक समय तक ब्रह्मविद्या के प्रचार-प्रसार के लिए अथक परिश्रम किया। उनका कर्म-सिद्धांत में अगाध विश्वास था। यद्यपि उनके मार्ग में अगणित बाधाएँ आईं, परंतु वह अपने पथ से विचलित नहीं हुईं। लाभ-हानि, यश-अपयश की चिंता न करके सत्य की उपासना में सदैव अग्रसर रहीं। एक बार वह मरणासन्न हो गईं, तो उनके गुरु ने प्रकट होकर पूछा, "यदि चाहो तो शरीर छूट सकता है और भौतिक कष्टों से छुटकारा मिल सकता है अथवा यदि अधूरे 'सीक्रेट डॉक्ट्रिन' ग्रंथ को पूर्ण करने तथा ब्रह्मविद्या के उच्चकोटि के शिष्यों को प्रशिक्षित करने के लिए जीवित रहना चाहती हो तो जीवन-दान मिल सकता है, लेकिन ऐसी स्थिति में जब तक जीवित रहोगी, तुमको अनेक शारीरिक-मानसिक कष्ट भोगने पड़ेंगे।"

राधाबाई ने मुक्ति की अपेक्षा संत्रास, पीड़ा और लांछनों से युक्त, किंतु निष्काम कर्ममय जीवन ही स्वीकार किया। वस्तुत: एक संत की

तरह उनका दिव्य मन सुख-दुःख से परे हो चुका था।

राधाबाई सृष्टि के कण-कण में ब्रह्मतत्त्व को निहित मानती थीं, अत: उनमें भेद-दृष्टि का अभाव था। जो भी उनके पास मार्गदर्शन या सहायता के लिए आता था, उसे निराश नहीं करती थीं। उनके आसपास कुछ ऐसे व्यक्ति भी आए, जो स्वार्थ-पूर्ति न होने के कारण उनके विरोधी हुए तथा उन्होंने उन पर अनेक मिथ्या आरोप लगाए। एक बार एक भक्त ने पूछा, "जब आप में अलौकिक शक्तियाँ हैं, आप दूसरों के मन के विचार जान लेती हैं तो आप मित्र या शत्रु में भेद क्यों नहीं कर पाती हैं? आप दुष्टों को प्रश्रय क्यों दे देती हैं? वे आपको बाद में कष्ट देते हैं।"

राधाबाई ने बिना किसी आवेश के उत्तर दिया था, "ओह! किसी व्यक्ति का धूमिल आभामंडल मुझे भ्रम में डाल सकता है, लेकिन इसके अंदर जो दिव्य-स्फुलिंग होता है, मैं उसे पहले देखती हूँ। जो सत्य की शिक्षा मैं दे सकती हूँ, उससे लाभान्वित होने से किसी को रोकनेवाली मैं कौन होती हूँ? यदि किसी व्यक्ति का उद्धार होता है तो इस बात का कोई महत्त्व नहीं है कि मुझे व्यक्तिगत रूप से क्या क्षति होती है तथा मुझे कितनी प्रवंचना, घृणा, प्रतिशोध का शिकार होना पड़ता है। भगवान् बुद्ध के इस वचन को स्मरण रखना है कि यदि कोई भूखा सर्प मिले तो उसे भोजन कराओ, इस बात की चिंता न करो कि जिस हाथ से खिलाओगे, उसी को काटेगा।"

राधाबाई का यह सिद्धांत मात्र नहीं था, यह उनके आचरण का अंग भी था। ईसाई पादरी उनकी निंदा करते थे, लेकिन जब वे उनके पास चंदा माँगने आते थे तो वह अवश्य देती थीं। इसी प्रकार जिन व्यक्तियों ने उनके विरुद्ध षड्यंत्र किए और बाद में वे कष्ट में हुए तो उन्होंने उनकी आर्थिक सहायता की। ऐसी थी उनकी समदृष्टि!

गुरु में अविचल निष्ठा

भारतीय आध्यात्मिक परंपरा में गुरु को साक्षात् परब्रह्म कहा गया

है। राधाबाई की इस मत में पूर्ण आस्था थी। वह अपने गुरु पर पूर्ण श्रद्धा, निष्ठा और भक्ति रखती थीं। वह गुरु के प्रति प्रथम दर्शन में ही पूर्ण समर्पित हो चुकी थीं। वह अपने को 'यंत्र' और गुरु को 'यंत्री' मानती थीं। गुरु-आदेश का पालन करना उनका पुनीत कर्तव्य था। उनके जीवन का एकमात्र लक्ष्य गुरु-संदेश का प्रसार करना रहा था। इस कार्य में उनको जो कष्ट सहन करने पड़े, उनकी कभी चिंता नहीं की। वे जीवन की समस्त उपलब्धियों को गुरु की कृपा मात्र मानती थीं।

निर्मल चरित्र

राधाबाई का वैयक्तिक चरित्र अत्यंत निर्मल था। वह पूरे संसार में भ्रमण करती रही थीं, सब प्रकार के व्यक्तियों के संपर्क में आई थीं, किंतु उनको वासनाओं ने कभी स्पर्श नहीं किया था। वह जीवनपर्यंत अखंड ब्रह्मचर्य व्रत का कठोरतापूर्वक पालन करती रही थीं। कुछ लोगों ने उनके चरित्र पर कुछ आक्षेप लगाए थे। डॉक्टरों ने उनकी परीक्षा करके दो बार प्रमाण-पत्र दिए थे कि उनका संपूर्ण जीवन कामरहित रहा है। कर्नल आलकाट ने कहा था, "उनका प्रत्येक शब्द और कार्य वासना-शून्यता की घोषणा करता है।" उनका विवाह करके भी अखंड ब्रह्मचर्य की रक्षा कर लेना आत्मसंयम का विलक्षण उदाहरण है।

राधाबाई के निकट के लोगों का अनुभव था कि उनका क्रोध बहुत तीव्र था, लेकिन वह क्षणिक ही रहता था। इस दोष को वह स्वयं स्वीकार करती थीं। यह क्रोध भी देवी देन था, उनका सुरक्षा कवच था तथा शरीर धारण किए रहने का एक आधार था तथा वह युवावस्था में सारे संसार में अकेली घूमती रही थीं, तब उनके क्रोध के भय से भी दुष्ट दूर रहते आतंकित रहते थे अथवा निकट आने पर पलायन कर जाते थे। कभी-कभी शिष्यों को अनुशासित करने या आत्म-नियंत्रण की शिक्षा देने के लिए कृत्रिम क्रोध प्रदर्शित करती थीं। एक बार वह शिष्यों को क्रोध नियंत्रित करने का उपदेश दे रही थीं, तो एक शिष्य ने प्रश्न कर दिया था

कि 'आप अपने क्रोध को क्यों नियंत्रित नहीं रख पाती हैं?'

उन्होंने इस प्रश्न का उत्तर देते हुए कहा था, "इससे तुम्हारा लाभ और मेरी हानि है। यदि मुझमें क्रोध न होता तो मैं सिद्ध हो गई होती और तुम लोगों के बीच सशरीर न रहती।" इस कथन में अंतिम वाक्य विशेष महत्त्व का है। आध्यात्मिक क्षेत्र में ऐसा माना जाता है कि उच्चकोटि के योगी और संत यदि पूर्ण रूप से चित्तवृत्तियों का निरोध कर लेते हैं तो उनके भौतिक शरीर के बने रहने की संभावना नहीं रहती है, अर्थात् उनकी परमहंस की गति हो जाती है। इस अवस्था में संत लौकिक कार्य करने योग्य नहीं रहते हैं। अत: सिद्ध कोटि के संत किसी लौकिक इच्छा या वृत्ति के द्वारा लोक-कल्याण के लिए अपने शरीर की रक्षा करते रहते हैं। संभवत: राधाबाई के गुरुदेव ने उनमें इसी कारण से क्रोध का अंश निहित कर रखा था। यदि वह अपनी शिष्या के संपूर्ण व्यक्तित्व को रूपांतरित कर सकते थे तो उसे क्रोध-नियंत्रण की प्रविधि अवश्य सिखा सकते थे। वैसे उनके निकट के लोगों ने कहा भी है कि जीवन के अंतिम समय में उसका स्वभाव उग्र नहीं रहा था। अब उन्होंने क्रोध और प्रतिरोध की प्रवृत्ति को नियंत्रित करना सीख लिया है।

त्रिकालज्ञ योगिनी

राधाबाई त्रिकालज्ञ थीं। भूत, भविष्य और वर्तमान उनके लिए अज्ञेय और अगम्य कभी नहीं रहे। सहस्रों वर्षों का अतीत चित्रपट के समान उनके समक्ष उद्घाटित होता था तथा भविष्य की घटनाएँ उनके मानसपटल पर आलोकित हो उठती थीं। उनके जीवन का संपूर्ण क्रियाकलाप, दर्शन और लेखन भविष्य के लिए था। उनको ज्ञात था कि भावी मानव समाज को सुचिंतित प्राचीन भारतीय दर्शन को ही अंगीकार करना होगा। भौतिकता के सर्वोच्च शिखर पर पहुँचकर संपूर्ण विश्व के विवेकशील व्यक्तियों को आज राधाबाई द्वारा निर्दिष्ट दिशा में ही आशा की किरण परिलक्षित हो रही है, उनका कालजयी महान् कृतित्व और

चिंतन समकालीन संदर्भ में पूर्ण सार्थक, सोद्‌देश्य और संतुलन प्रतीत हो रहा है।

अंत में हम यह पुनः कहना अपना पुनीत कर्तव्य समझते हैं कि राधाबाई या एच.पी.बी. अथवा हेलेना पेट्रोलना ब्लावतस्की विश्व के आध्यात्मिक-सांस्कृतिक इतिहास की युगांतरकारी विभूति हैं; सत्य की अनन्य उपासिका, सिद्ध गुरु की महान् शिष्या, तत्त्वान्वेषियों की विनम्र मार्गदर्शिका, धर्मदर्शन की अभूतपूर्व आचार्या, मानव-कल्याण के अभिनव आंदोलन की जननी, प्राचीन भारतीय ब्रह्मविद्या की उद्‌भट उद्‌घाटिका, भारतीय सांस्कृतिक पुनर्जागरण की सक्षम अधिष्ठात्री तथा अलौकिक योग विभूतियों की विलक्षण संचालिका के रूप में उन्होंने संसार के प्रबुद्ध और साधक-वर्ग को आंदोलित करके मानवता का अतुलनीय कल्याण किया है। वह आज भी अपने दिव्य सूक्ष्म शरीर से क्रियारत हैं और भविष्य में भी अपनी अदृश्य अलौकिक शक्तियों से जिज्ञासुओं, साधकों, मानवता-प्रेमियों को प्रकाश प्रदान करती रहेंगी तथा युगों-युगों तक वंदनीय, स्मरणीय और अनुकरणीय रहेंगी। ऐसी महान् महिमामंडित मनीषा मातृरूपा देवी राधाबाई की अमर पुण्यात्मा को हमारे कोटिशः प्रणाम निवेदित हैं।

□□□